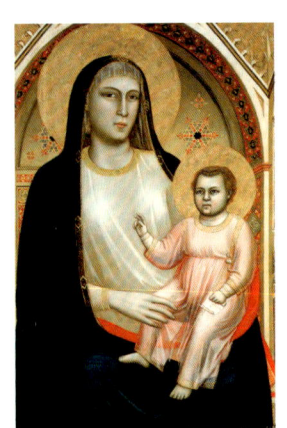

玛利亚之父若亚敬进入耶路撒冷
（约 1303—1305）
局部
帕多瓦，斯克洛维尼祈祷所

艺术人生系列

Giotto
乔 托

[意] 安杰洛·塔尔图法里 著
王 静 译

陕西新华出版传媒集团
太白文艺出版社

目 录

1265—1302   关于乔托生平的新发现   7
学艺生涯
从罗马到阿西西
《圣方济各传奇》
从罗马到利米尼

1302—1314   帕多瓦时期的古典风格   51
驻足帕多瓦
帕多瓦的斯克洛维尼祈祷所
重返佛罗伦萨
重返阿西西
佛罗伦萨时期的哥特风格

1314—1328   大师与他的画室   105
色彩大师乔托：
    阿西西的《圣婴基督的故事》和帆式拱顶
重返罗马：《司提反多联祭坛画》
巅峰时期的巨制

1328—1337   乔托的最后岁月   139
那不勒斯的乔托："国王的老友"
佛罗伦萨的乔托："艺术巨匠"
画室的家族传承和辉煌艺术成就

年表   154
索引   156
参考书目   162

◀ **群鸟聆听圣方济各布道**
（约 1290—1295）
局部
阿西西，圣方济各大教堂上部

1265—1302
关于乔托生平的新发现

学艺生涯

近些年来，通过文献研究，乔托生平的最初行迹得以被挖掘出来，从而展现出这位艺术巨匠有现代气质的新面貌。洛伦佐·吉贝尔蒂曾在他的《述评》（*Commentari*，约1450）一书中描述了一个以牧童形象出现的少年乔托。在他笔下，当少年乔托正在石头上描摹一只他放牧的羊时，正巧被大画家契马布埃撞见，契马布埃对他的天分大感惊讶。其实，乔托之父邦多纳（Bondone）是个锁匠，原本居住在穆杰洛地区（Mugello），随后又迁到佛罗伦萨城里做活计谋生。约在1265年，西方具象艺术的革命人物乔托才在佛罗伦萨的新玛利亚大教堂（Basilica di Santa Maria Novella）附近地区呱呱坠地。因而，尽管吉贝尔蒂笔下这桩趣闻脍炙人口，却终究并非史实。不过，他安排画家契马布埃（本名本奇维耶尼·迪·佩珀）在故事中登场，乃是有意为之。因为佛罗伦萨画派的特点恰在于作品取材丰富，其间频频出现天分极高的艺术家，比如卡颇·迪·马克瓦尔多、圣玛德莱娜的佚名画师、圣女雅嘉的佚名画师、梅廖莱（Meliore）等，在此不一一赘述，其中，契马布埃是13世纪佛罗伦萨画派的集大成者，而年轻的乔托应当说是这一伟大绘画传统的继承者。多年来，这位艺术史上的巨匠一直声望斐然，至今未见衰落。尽管东方世界对西方艺术文明了解有限，乔托的大名依然响亮，能与他的声名相提并论的，仅仅有拉斐尔、列奥纳多·达·芬奇、米开朗琪罗和其余寥寥数人。他在世之时，作品已经得到了同代人的赞赏和肯定，荣耀加身，这是他的另一个不同寻常之处。

约在 1310 年，乔托先后在阿西西、利米尼、帕多瓦以及佛罗伦萨和罗马等地从事创作活动，他的作品极具人文宗教价值，但丁·阿利基耶里在杰作《神曲·炼狱》篇中写道："契马布埃自以为在绘画方面擅长，如今乔托成名，使前者的盛名黯然失色。"乔托从此成为一个神圣化的形象，他在人文和艺术才华上的声望由此达到了顶峰[①]。

在佛罗伦萨学院美术馆 2000 年举办的展览中，乔托大放光彩，受到媒体的极大关注。根据乔托同时代文献中对他热情洋溢的赞美，我们认为，他无疑在有生之年已经取得了事业的成功。他笔下的绘画再现了古代画作中那种自然、毫无雕饰的特色，令人叹为观止。他使绘画重新成为诠释时代现实的最佳媒介之一，几乎可与文学相媲美。乔托去世后，乔凡尼·维拉尼（Giovanni

乔托（1844）
雕像
乔凡尼·杜普雷
佛罗伦萨，乌菲兹美术馆

Villani，约 1340）如是写道："在那个时代所有以不加矫饰的手法处理每一个绘画形象和动态的画家之中，他是最伟大的一位。"我们也必须留意，在中世纪时期的艺术领域中，宗教在一切感官层面上具有绝对和全知的主宰地位，包括乔托在内的艺术家的创作都受到了宗教的引领、指导以及制约。然而，迄今为止，在对乔托这位佛罗伦萨绘画巨匠的研究中，这一情况却一直被

---

① "Credere Cimabue nella pintura- tener lo campo, e ora ha Giotto il grido, si che la fama di colui è sicura." 译文参考《神曲·炼狱》，田德望译，1997 年 4 月第一版，人民文学出版社，125 页。——译注

苏丹以火试炼圣方济各（约 1290—1295）
阿西西，圣方济各大教堂上部

视为一个次要方面,因而长期受到忽视。关于研究乔托的某些相关问题具有深远的历史意义,这些可以追溯到13世纪上半叶。为了能够对这类问题做出全面判断和认识,首先需要进一步了解乔托。

乔托重要性的另一个复杂方面在于,解答上述问题的线索涉及与他同代的其他艺术巨擘。其中首要人物当数尼可拉·皮萨诺,他在古代艺术中重现对自然的刻画,并且运用了更鲜明的感官表现手法。从时间顺序上看,他也是乔托的先行者。另一位画家阿尔诺尔福·迪·卡皮奥在许多方面和乔托具有可比性,甚至有一派研究意见主张,13世纪末的画家卡皮奥才是意大利艺术的革新先驱,而非后来的乔托。不过这种观点尽管从者甚众,实际上却并没有卡皮奥的相应画作支持。

一直以来,在陈腐的画作和故纸堆中,"黑暗中世纪"时代的古代艺术的表现形式和内在保存下来。但是就文化层面而言,乔托的风格融合了古代艺术的遗风和13世纪晚期艺术鲜活多样的特质,可谓前无古人。也许这一点才是乔托艺术中真正的、绝对的创新。在四分之一个世纪当中,这种综合性艺术形式的价值几乎在意大利半岛各地展现出来,影响了从阿尔诺尔福·迪·卡皮奥到杜乔·迪·博宁塞纳,从乔凡尼·皮萨诺到皮埃特洛·卡瓦利尼,而乔托习艺生涯和最初的创作正是直接受益于这一批艺术大师。

作为西方具象艺术的权威和开山祖师,乔托一直是一个研究热点。近几年来,通过挖掘乔托对用色和光影关系的诠释,人们获得不少重要发现。就乔托的地位而言,同时代当中,唯一一位可以纯粹在作品价值这个意义上与之相提并论的画家是西蒙内·马尔蒂尼,但相形之下,乔托的作品在超越空间关系的方面更胜一筹。在13世纪最后的25年中,佛罗伦萨活跃着画家格里弗·迪·檀可莱迪,画家嘉多·嘉迪（Gaddo Gaddi）——这一位可能是佛罗伦萨圣勒弥爵教堂中圣母像的作者以及引人瞩目的瓦尔隆葛佚名画师。研究似乎常常忽视这种时代背景,尤其是这一因素对乔托的学艺生涯的影响。这些当时最出色的画家在这25年之中的创作活动,与乔托研究中通常运用的罗马-阿西西地理因素结合起来,为研究艺

哀悼基督（约1290）
阿西西，圣方济各大教堂上部

术家的风格及其作品断代提供了珍贵的参照。权威观点认为，藏于佛罗伦萨卡斯泰尔菲奥伦蒂诺的圣范娣亚娜博物馆的《圣母子像》(Madonna col Bambino)证明，乔托曾在契马布埃画室学艺。这件作品由契马布埃构思，人物的眼神由年轻的画家杜乔完成，但总体仍是由乔托完成。当时，乔托仅仅是一名画室学徒，听从契马布埃吩咐，然而，画面中阿西西风格的"新式"衣裙之下，他笔下的圣婴却呈现出蓬勃的生命力。也许，在我们看来，仅仅凭这些痕迹，尚不足以彻底压倒画作表现出的契马布埃式笔触，而通过这种笔触，却可以恰当地确定作品的归属。画中人物衣裙的褶皱体现出阿尔诺尔福的风格，在8世纪末诸多翁布里亚-拉齐奥地区的画作中同样可见一斑。这是当时风行于意大利中部的几种新式绘画手法之一，在阿西西圣方济各大教堂建筑龙骨的装饰结构中表现得尤其鲜明。此外，在位于拉齐奥大区的罗马，佛罗伦萨及托斯卡纳大区的其他中心地带也有所体现。可以理解，在乔托这位巨匠手下，这种新式表现手法甚至超越了不同的文化环境，展现出

圣母子像（约1290）
契马布埃
佛罗伦萨，卡斯泰尔菲奥伦蒂诺，圣范娣亚娜博物馆

圣母子像（约 1290—1295）
阿西西，圣方济各大教堂上部，后墙

圣方济各在阿雷佐驱魔（约 1290—1295）
阿西西，圣方济各大教堂上部

教皇洪诺留三世聆听圣方济各讲道（约 1290—1295）
阿西西，圣方济各大教堂上部

卓越的且难以捉摸的创造力。近几年来，我们得以从《苦像》（Croce Dipinta）这件作品中分辨出这一点。这件作品出自杜乔之手，同时代表了雅可布·托利迪（Jacopo Torriti）的典型风格，曾收藏在布拉恰诺的奥尔西尼城堡，现在是锡耶纳的萨利尼收藏（Salini di Siena）的一部分。目前可以确定，阿西西圣方济各教堂龙骨的装饰式样凝聚了13世纪末最前卫新颖的艺术风格。整体造型以教皇尼古拉三世在位期间（1277—1280）的西向耳堂为起点，以浩荡的斯堪的纳维亚风格画上句号。后者由一位英国或法国艺术家执笔，与另一位艺术家协作完成。这位助手显然受到了罗马文化背景的影响，目前主要观点认为，此人正是年轻的雅可布·托利迪。

装饰工程第一阶段的壁画完成后，主要由契马布埃负责接下来的工作。他完成了内殿和耳堂的恢宏装饰，并给教堂甬道饰以著名的帆式拱顶（Vele），不过，后者在1997年的地震中受损。契马布埃及其助手们绘制完成中殿的第一道房梁后，马上开始着手耳堂装饰，这项工作极可能是在教皇尼古拉四世在位期间（1288—1292）进行的。

苦像（约1290）
局部
契马布埃
阿西西，圣方济各大教堂上部

《基督升天》中的天使形象（约1290）
局部
佚名罗马画家
阿西西，圣方济各大教堂上部，后墙

从罗马到阿西西

至此可以说，在 13 世纪的最后 10 年当中，"以撒的佚名画师"令人耳目一新的革新精神，势不可挡地进入了阿西西圣方济各教堂的龙骨装饰当中。绘在山梁最高处的彩画（registro）体现了这一点。彩画描绘了两个场景，分别是《以撒为雅各祝福》（*Isacco benedice Giacobbe*）以及《以撒拒绝以扫》（*Isacco respinge Esaù*）。

众所周知，"以撒的佚名画师"的身份是西方艺术史长期以来争议最大的问题之一。在流传下来的乔托作品之中，我们已经确认了最早创作的一批木板画（tavola），而阿西西的这些壁画作品与这些木板画的惊人相似，说明二者具有密切的联系。我们也许可以认为，所谓的"以撒的佚名画师"正是乔托。这些木板画包括《圣母升天》（*Maestà*）的局部，保存在位于穆杰洛地区的中心圣老楞佐堂区，即乔托家庭的所在地；另外还有佛罗伦萨的新玛利亚大教堂的大型《苦像》。如果这样看待乔托的艺术生涯，这个时期恰恰与瓦尔隆葛的佚名画师完全吻合，这个结论显然意义重大。瓦尔隆葛的佚名画师的真实身份仍然有很多谜团，但根据他的职业生涯和作品创作地点，可以确定他当时是一名佛罗伦萨画家。在这个问题上仍然存在各种意见，甚至完全相反，这里按下不表。不过正如米拉德·迈斯（1960）所总结的那样，研究者们一致认为："即使以撒的佚名画师并非乔托，他也仍然是现代绘画的奠基人。"

与此同时，必须承认《以撒的

以撒为雅各祝福
（约 1290）
阿西西，圣方济各大教堂上部

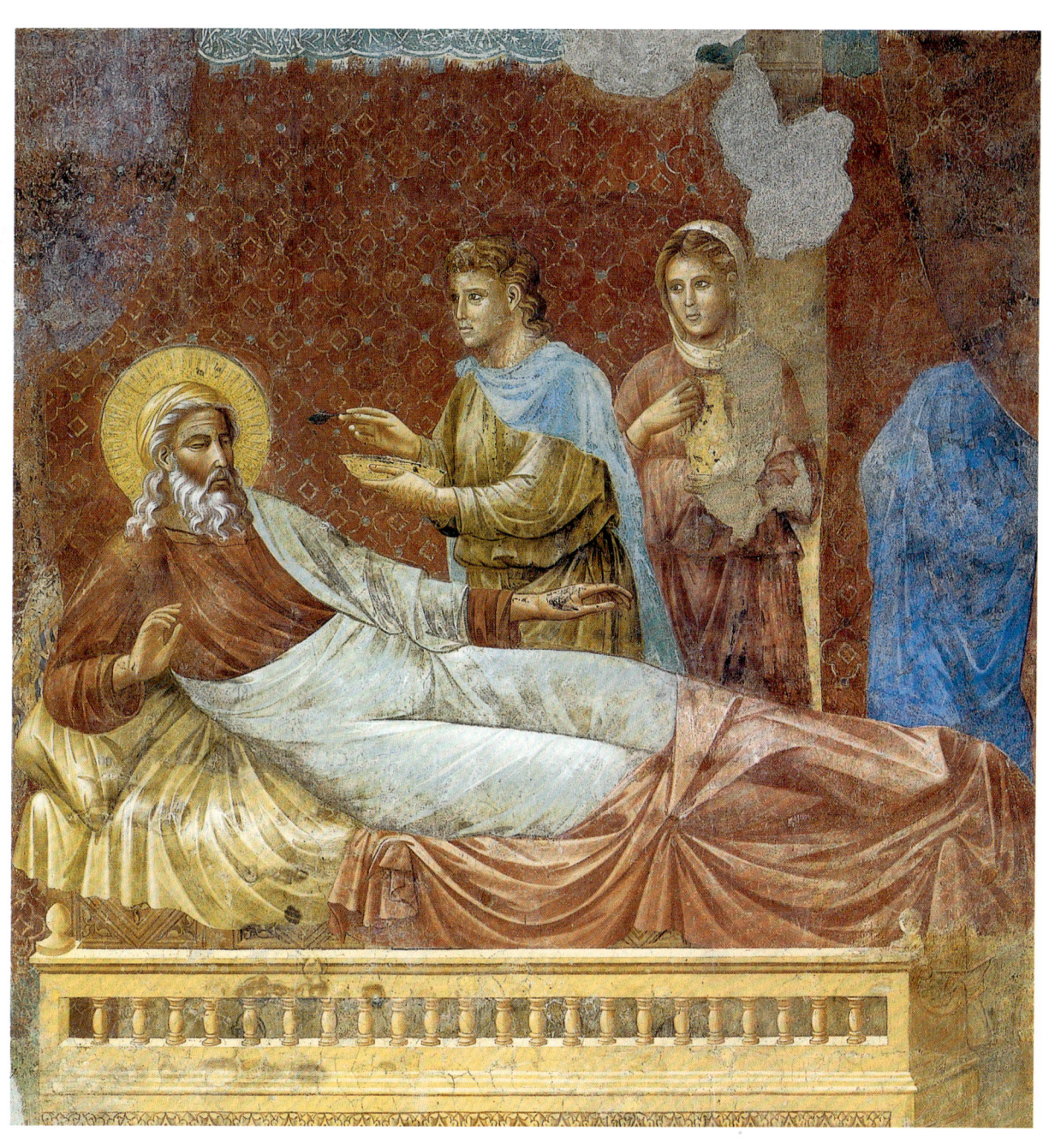

以撒拒绝以扫(约 1290)
阿西西,圣方济各大教堂上部

故事》不单具有装饰性,此外还表现出罗马文化因素的强烈影响。后一个特色主要体现在技法方面,画面由雅可布·托利迪主笔,1291年后他突然中断了工作,很可能是因为他前往罗马,为拉特兰圣约翰大殿制作马赛克的缘故。

托利迪离开后,"以撒的佚名画师",即乔托,接手了装饰阿西西圣方济各教堂龙骨的工作。乔托也熟谙罗马艺术的情况,这很可能与他的老师契马布埃有关。后者自1272年起已经扬名教廷。在年轻乔托的领导下,一批技艺超群的艺术家继续完成了一些圣方济各教堂上部的重要创作,其中有《耶稣基督被捕》的佚名画师,他和乔托合力创作了位于下方的《圣方济各的故事》(*Storie di San Francesco*);还有一位画家绘制了《圣神降临》(*Pentecoste*),画面正对着《圣方济各的故事》,因而他被后人称为"圣神降临的佚名画师"(*Maestro della Pentecoste*)。此外,他还绘制了《诸博士》(*Volta dei Dottori*)拱顶装饰的一部分,《本雅明与银杯》(*Coppa di Beniamino*)的故事以及《基督升天》(*Ascensione*)。

圣母升天 / 圣母子像
(约 1290)
局部
佛罗伦萨,圣老楞佐堂区

诸博士
(约 1290)
乔托及助手
阿西西,圣方济各大教堂上部

艺术人生——乔托

《圣方济各传奇》

近年来,研究者针对阿西西圣方济各教堂低处山梁上的绘制的《圣方济各传奇》的全部28个场景开展了独立分析。分析结果再次证明,即使是从完全不同的假设出发,就艺术风格和技法而言,高处山梁上旧约题材壁画的绝大部分内容都与《圣方济各传奇》最高处的场景有诸多相似之处。根据编年史作家李可巴尔多·达·费拉拉(约1312)的看法,后者应当与乔托有关联。当费拉拉谈到"在阿西西圣方济各教堂中工作的那位艺术家"时,他很可能指的就是乔托。

如果说,圣老楞佐堂区的局部残片和《以撒的故事》这两件作品,在风格上具有一致性,那么同一时期另外两件佛罗伦萨作品,即佛罗伦萨新玛利亚大教堂的《苦像》和佛罗伦萨圣乔治教堂的《圣母升天》同样与《圣方济各传奇》组画的风格极为相似。

这里有必要提到一个名叫利库乔·迪·普乔的佛罗伦萨人,他与乔托是同时代人,而且和乔托住在同一个地区。他还曾经委托乔托为

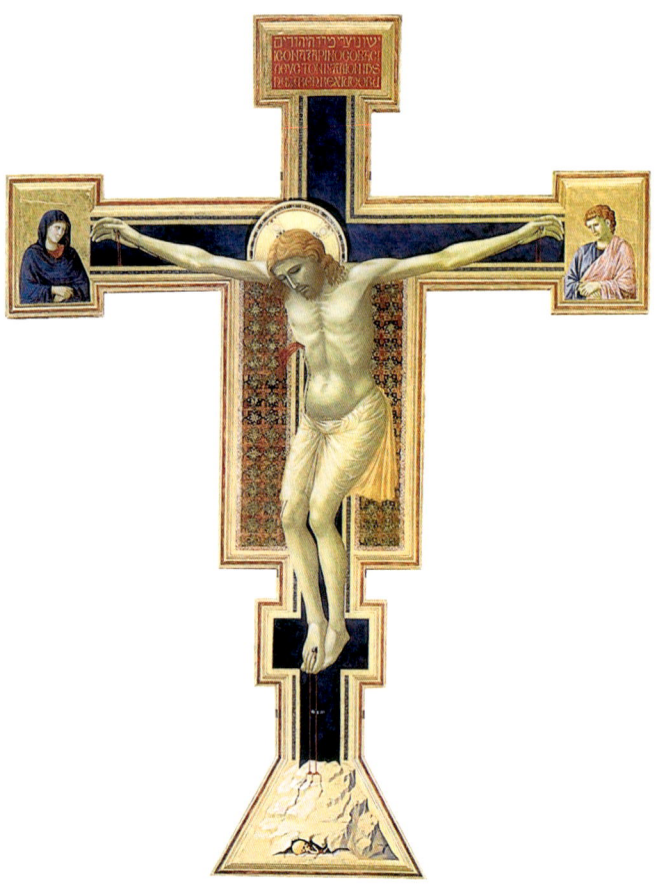

苦像(约1290—1295)
佛罗伦萨,新玛利亚大教堂

圣哲罗米检验圣方济各五伤（约 1290—1295）
阿西西，圣方济各大教堂上部

普拉托的圣道明教堂创作一件《苦像》，但这件作品后来丢失了，迄今仍然下落不明。这些迹象表明，普乔不但与乔托相识，而且不只是泛泛之交。根据他的记述，佛罗伦萨新圣母大殿的《苦像》是乔托1312年的作品。确实，不止一位研究者指出了佛罗伦萨新玛利亚大教堂《苦像》与阿西西圣方济各教堂壁画中《圣哲罗米检验圣方济各五伤》中场景之间鲜明的相似性。吉贝尔蒂曾在作品《述评》（约1450）中记述了乔托为佛罗伦萨圣乔治教堂创作的《圣母升天》（*Madonna di San Giorgio alla Costa*），毫无疑问实际上就是现藏于同一城市"老桥"地区圣司提反堂区博物馆的那一幅。这里还要再次强调佛罗伦萨圣母像与阿西西圣方济各教堂大门入口上方的圆形圣母像之间的相似性。迄今为止，有关阿西西的《圣方济各的故事》的断代仍然存在许多争论，作者身份归属也不能完全确定下来。然而，研究者们还是在许多细节问题上达成了一致意见，比如说作品可能是由多人共同完成的。有一种看法认为，根据风格和技法表现出的鲜明差异判断，当时可能有两组

圣彼得（约1290—1295）
局部
阿西西，圣方济各大教堂上部，后墙

圣保罗（约1290—1295）
局部
阿西西，圣方济各大教堂上部，后墙

圣母升天 / 佛罗伦萨圣乔治教堂圣母像（约 1295）
佛罗伦萨，圣司提反堂区博物馆

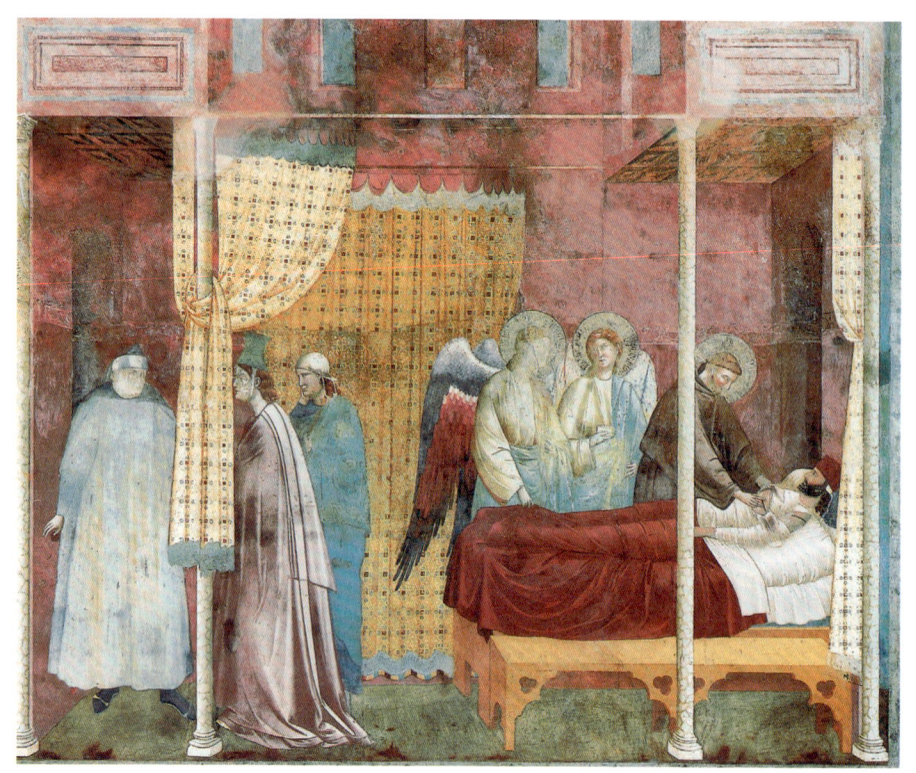

治愈列伊达的伤者

（约1290—1295）

乔托及圣塞西莉亚
的佚名画师

阿西西，圣方济各
大教堂上部

画家同时着手制作教堂拱顶横梁上的绘画装饰，并且他们来自两个风格迥异的画室。不仅如此，研究者们一致认为，在各个施工阶段当中，从整体构思到技术指导，这项浩大的装饰工程都贯穿了同一个人的身影。不仅如此，经过技术性检验证实，墙壁上由于画家持续工作而产生的层叠的灰泥保存了完整的原始面貌，因而我们判断出《圣方济各的故事》壁画第一组之中的第一个故事《俗人向圣方济各献礼》（L'omaggio di un uomo semplice a san Francesco）实际却是最后一个绘制完成的场景。还有一种更广泛的意见认为，从这组壁画显示出的不同笔触来看，绘制这个场景的画家也创作了同一组壁画的最后三个故事；而且，他极有可能就是被称为"圣塞西莉亚的佚名画师"（Maestro della santa Cecilia）的那位艺术家，此人因为佛罗伦萨同名教堂绘制了一件祭坛屏风而得名，屏风现存于佛罗伦萨乌菲兹美术馆，上面绘着《宝座上的圣塞西莉亚以及八个故事》（Santa Cecilia in trono e otto storie della sua vita），作品

俗人向圣方济各献礼

（约1295）

乔托及圣塞西莉亚
的佚名画师

阿西西，圣方济各
大教堂上部大教堂
上部

展现了作者的高超技艺以及他在学艺之初所受到的来自佛罗伦萨画派的深刻影响。

关于《圣方济各的故事》的创作时间也是一个有趣的话题。推测其中有些作品可能花费了近两年时间，最终应当是在教皇尼古拉四世在位期间（1292）完成的，但不晚于13世纪最后10年到14世纪的前5年。

包括所谓的佚名罗马画师，还有皮埃特洛·卡瓦利尼在内，许多艺术家都受到佛罗伦萨画派风格的极其深刻的影响，从艺术史的角度看，在佛罗伦萨画派的主宰地位是

贝内文托女子的临终告解（约1290—1295）
乔托及圣塞西莉亚的佚名画师
阿西西,圣方济各大教堂上部

宝座上的圣塞西莉亚以及八个故事（早于1304）
圣塞西莉亚的佚名画师
佛罗伦萨,乌菲兹美术馆

圣方济各赠给穷人斗篷（约1290—1295）
阿西西,圣方济各大教堂上部

艺术人生——乔托

上帝在圣达弥昂教堂向圣方济各显现（约 1290—1295）
阿西西，圣方济各大教堂上部

圣方济各发神贫愿(约 1290—1295)
阿西西,圣方济各大教堂上部

下左

圣方济各的神视：梦见充满兵器的大屋（约1290—1295）

局部

阿西西，圣方济各大教堂上部

下右

圣方济各的神视：圣方济各的追随者看见天国的宝座（约1290—1295）

阿西西，圣方济各大教堂上部

圣方济各乘燃烧的马车显现（约1290—1295）

局部

阿西西，圣方济各大教堂上部

教皇依诺增爵三世认许修道三愿（约 1290—1295）
阿西西，圣方济各大教堂上部

否桎梏了艺术的发展这个问题上，曾引起激烈的争论，在此按下不表。这里，我们主要关注乔托艺术生涯各个创作阶段所遭遇的各种不可调和的艺术风格以及乔托如何处理这类冲突。他为阿西西圣方济各教堂的28件画作一一绘制了外廓，但外廓并不仅仅是简单地叠加在画面上，也不是孤立于画面的外在组成部分，而是包含在整体装饰理念之中、作为整体装饰效果的基本构成部分。翁布里亚画派可能同样重视每一场景中的主人公、建筑本身的语境抑或画面主人公所在的背景这几个因素之间的密切联系，但最重要的一点是在"当代"的尺度下着力于表达叙事的情感力量，这正是但丁《神曲》表现出的内在精神的先声。

如果以漫不经心的态度看待帕多瓦的斯克洛维尼祈祷所的壁画，这件作品似乎与圣方济各教堂的壁画毫无关系。但是，假使耐心观察，便可以穿透这种无关的表象，发现这两组作品在画面形态以及自然风格方面存在着一系列联系。然而，两者之间在技法方面的差异是不容否认的：阿西西的圣方济各教堂的壁画毫无疑问更密切地与13世纪

泉水的神迹
（约1290—1295）
局部
阿西西，圣方济各大教堂上部

的技法联系在一起，而帕多瓦的斯克洛维尼祈祷所的壁画则完完全全属于14世纪。不仅如此，两件作品从构思的深度和风格上也相去甚远，这种差异可以归结为乔托在绘画语言以及风格上的持续进步。这一点处处显示在他的作品当中，令人惊异。不过，对于乔托这种水准的艺术家而言，尽管仅仅用了十来年时间便在创作过程中实现了这种蜕变，这种根本上的变化却完美地吻合了他的艺术生涯的轨迹。

带有乔托署名的作品并不多见，卢浮宫收藏的叶片形巨幅画作被认定为乔托的真迹，同时也是他的代表

格莱西奥的小床(约 1290—1295)
阿西西,圣方济各大教堂上部

作之一。这件作品描绘的场景是"圣方济各领受五伤及三个故事"（San Francesco riceve le stimmate e tre storie della sua leggenda）。作品原来保存在比萨的圣方济各教堂，应当是一组多联祭坛画的一部分，其他部分分别收藏于佛罗伦萨圣十字教堂的巴隆切利祈祷所以及博洛尼亚国家画廊。对于这件作品，就确定作者是谁的问题，研究者一度存在分歧。有人认为，这是一件由画室创作的作品，或者是由效仿乔托风格的画家所绘成。不过，作品的确与阿西西的壁画《圣方济各的故事》有着密切联系，祭坛画下部的三幅图的内容与阿西西圣方济各教堂的壁画内容相似，但形象诠释手法有所不同。不过这件作品最重要的特点在于它的哥特风格，表现出乔托风格的一种微妙变化。

一位像乔托这样的画家，似乎不会特意在一幅并非他亲笔构图的作品底部署名。但是，我们可以说，假使阿西西的壁画真的有署名，那也只能是乔托的署名。从另一方面，艺术史研究当中有一种看法，认为乔托并没有直接对阿西西圣方济各教堂壁画的创作产生影响，但持这

圣方济各领受五伤（约 1290—1295）
阿西西，圣方济各大教堂上部

圣方济各的狂喜（约 1290—1295）
阿西西，圣方济各大教堂上部

左图
圣方济各领受五伤及三个故事（约 1300）
巴黎，卢浮宫

右图
里斯本的圣安多尼（？）
（约 1300）
局部
佛罗伦萨，贝瑞颂收藏品

教皇依诺增爵三世造梦（约 1290—1295）
阿西西，圣方济各大教堂上部

教皇额我略九世梦中触摸圣方济各肋下的伤口（约 1290—1295）
乔托及助手
阿西西，圣方济各大教堂上部

种意见的人却无法彻底否认乔托与阿西西壁画的密切关系。正如贝洛西①所指出的，这相当于承认阿西西的壁画"只能是出自乔托之手"。在位于佛罗伦萨的贝瑞颂收藏品中，有一块绘有里斯本的圣安多尼图像的板子具有阿西西壁画的神韵，而且几乎可以确定，这块木板画正是一件多联祭坛画的边缘部分。

圣方济各在阿尔勒的修道院中显现

（约 1290—1295）
局部
阿西西，圣方济各大教堂上部

---

① 即卢洽诺·贝洛西（Luciano Bellosi）见下页。

哀悼圣方济各（约 1290—1295）
乔托及助手
阿西西，圣方济各大教堂上部

圣人魂归天主（约 1290—1295）
乔托及助手
阿西西，圣方济各大教堂上部

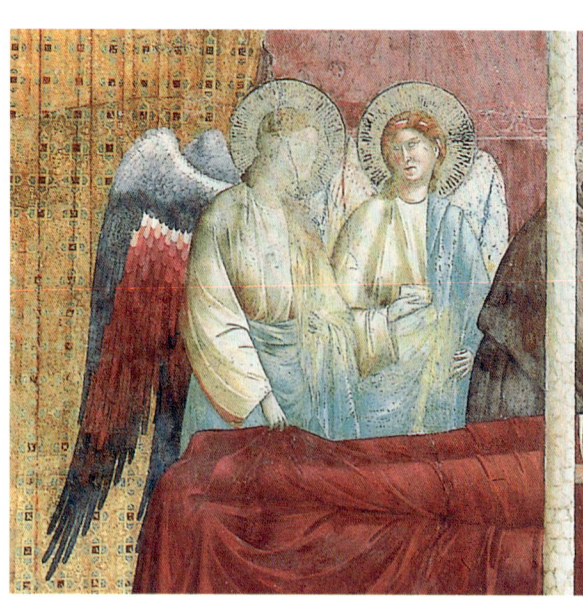

治愈列伊达的伤者
（约 1290—1295）
乔托及圣塞西莉亚的佚名画师
局部
阿西西，圣方济各大教堂上部

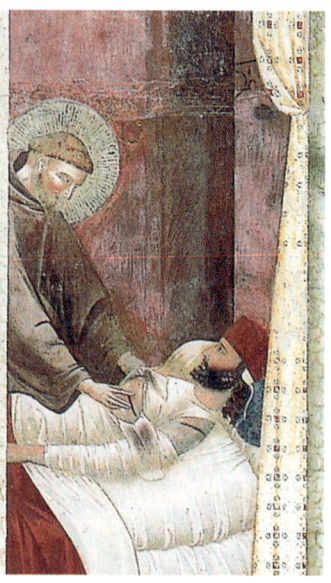

释放狱中的异教徒（约 1290—1295）
阿西西，圣方济各大教堂上部

从罗马到利米尼

目前推测，乔托创作了阿西西圣方济各壁画当中的第十六幅画《切拉诺的骑士魂归天主》（*La morte del cavaliere di Celano*）里的圣女塞西莉亚形象，并独自创作完成了最后一部分的其他几幅画。其中第一幅《俗人向圣方济各献礼》绘在右面墙壁上，最后几幅在左面墙壁上，包括第二十六幅画《治愈列伊达的伤者》（*La guarigione del ferito di Lerida*），第二十七幅画《贝内文托女子的临终告解》（*La confessione della donna di Benevento*）以及第

切拉诺的骑士魂归天主（约 1290—1295）
乔托及助手
阿西西，圣方济各大教堂上部

二十八幅画《释放狱中的异教徒》(*La liberazione dell'eretico*)。这种种迹象似乎意味着乔托因此放下了圣方济各教堂龙骨装饰的工作。公元 1300 年恰为禧年，根据博闻强识的列奥巴尔多·德尔·米约莱（Leopaldo Del Migliore）的记载（约 1681—1696），13 世纪末时乔托因此前往罗马，为教皇博尼法爵八世服务。一些研究者认为乔托可能是因此中断了阿西西的创作。另外还有一件现存于罗马拉特兰圣约翰大殿的壁画残片，描述的正是博尼法爵八世宣布禧年（Giubileo）的情形。在很长一段时间里，这件作品也一度被研究者认为出自乔托笔下。但近年来的研究表明，这幅作品描述的更可能是《博尼法爵当选教皇，在拉特兰圣约翰大殿登基》(*L'insediamento di Bonifacio VIII al Laterano*)。就作品归属的问题而言，有一派研究者主张，作者受到了罗马绘画风格的影响，技法上甚至具有画家皮埃特洛·卡瓦利尼的若干特点，这也是目前占主导的一种观点。

13 世纪末，乔托在罗马逗留期间，创作了一系列作品，但其中最享有盛名的无疑应该是罗马圣彼得

E页上图

天使像

（约 1295—1290）

残片

皮埃特洛·卡瓦利

尼画室作品

博维莱埃尔尼卡，弗

罗西诺内，西班牙

的圣彼得教堂

左页下图

天使像

（约 1295—1290）

残片

佚名罗马画家

梵蒂冈，圣彼得大教

堂耳室

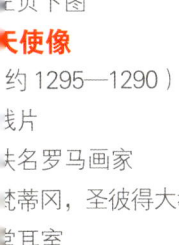

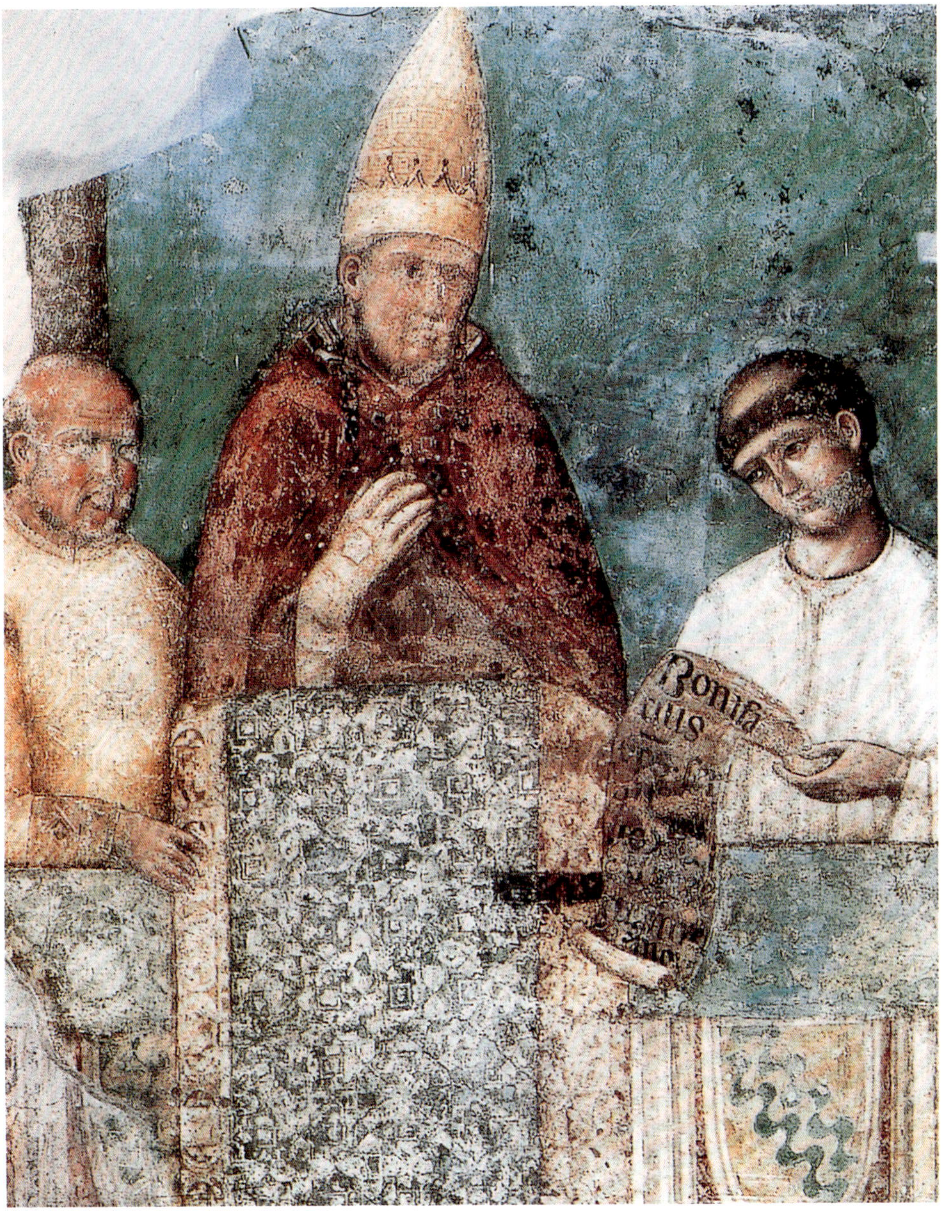

博尼法爵当选教皇，在拉特兰圣约翰大殿登基（约 1300）

残片

佚名罗马画家

罗马，圣约翰拉特兰大殿

大殿的马赛克画《基督拯救乘船遇风暴的圣彼得》(*Navicella*)。根据同时代的教会文献《施主名录》(*Liber Benefactorum*)记载,这一件作品也出自乔托之手。作品起初陈列在大殿,后经多次修复并改变了陈列位置,如今已经改头换面,陈列于教堂的柱廊之内。而马赛克作品的真迹如今只余下两件天使胸像(*Angeli*)的残片,这完全是13世纪罗马绘画晚期的风格,无法与乔托联系起来。

根据吉贝尔蒂记载,我们得知乔托曾经为罗马的密涅瓦神庙遗址圣母教堂绘制了《苦像》(*Crocifisso*)和一幅木板画。托迪尼(Todini)认为,这幅木板画正是目前他所持有的一件经过修复的作品,即著名的《圣母子像》(*Madonna col Bambino*)。研究证明这件作品正是源于这座教堂,而且出自14世纪最后10年中某位罗马画家之笔,此人又被卢洽诺·贝洛西称为"阿尔提埃利圣母像的佚名画师"(*Maestro della Madonna Altieri*)。这确实令人联想到乔托彼时在教廷的工作,然而画面的风格特点却与乔托的风格相去甚远,因而难以据此确定为乔托的作品。

位于阿西西圣方济各大教堂右

宝座上的圣母子(1300—1305)
局部
阿尔提埃利圣母像的佚名画师
私人收藏

侧耳堂尽头的圣尼各老祈祷所内的壁画装饰同样是乔托风格发展的重要证据,作品由一位教廷要人——拿坡列欧尼·奥尔西尼(Napoleone Orsini)枢机主教——委托创作,题为《圣尼各老,诸圣以及众门徒的

圣母子像（约1300）
牛津，阿什莫林博物馆

故事》（*Storie di san Nicola, santi, apostoli*）。祈祷所内还有一幅三联壁画《圣尼各老与圣方济各伴随圣母子》（*Madonna col Bambino tra i santi Nicola e Francesco*）。现在认为，除了乔托本人，至少还有另外两位画家参与了这两幅作品的绘制，其中一位身份未知，如今称之为"圣尼各老的佚名画师"（Maestro di san Nicola）；另一位是当地画家，过去尚不清楚他的真实身份，因此称之为"表现主义手法的圣嘉乐佚名画师"（Maestro Espressionista di santa Chiara），现在认为，他应当是画家帕尔梅利诺·迪·圭多（Palmerino di Guido）。《圣母子像》带有这一时期乔托绘画中哥特式的精细特点，同时不乏母子间的温情，虽然画作规格较小，但富有感染力，此件作品现藏于英国牛津阿什莫林博物馆。

1300年是乔托艺术生涯中具有前瞻性的一年，《巴迪亚祭坛画》（*Politico di Badia*）应该就是在这一年完成的，作品现藏于佛罗伦萨乌菲兹美术馆。作家吉贝尔蒂曾在佛罗伦萨巴迪亚教堂主神龛上见过这幅作品，并认为它出自乔托笔下，这一点如今已经确认。这是乔托最出色且最具有鲜明佛罗伦萨画派风格的作品之一，极大地影响了与他同时代艺术家的创作风格，例如前文提到的圣塞西莉亚的佚名画师，还有利颇·迪·贝尼维埃尼（Lippo di Benivieni）。不仅如此，作品还

巴迪亚祭坛画
（约1300）
佛罗伦萨，乌菲兹美术馆

对包括贝尔纳多·达迪（Bernardo Daddi）、塔戴奥·嘉迪（Toddeo Gaddi）、美第奇祈祷所的佚名画师、年轻的雅可布·德尔·卡森提诺（Jacopo del Casentino）等人在内的第一代"乔托画派"画家产生了深远的影响。

根据风格和作品类型来看，《巴迪亚祭坛画》表现了独特的创新精神，具有和收藏在佛罗伦萨新玛利亚大教堂《苦像》一致的特点，有理由认为这是乔托的作品。佛罗伦萨多联祭坛画技艺高超，具有一种古典式优雅，这一点同样体现在相近时期乔托为利米尼的马拉泰斯提亚诺教堂创作的《苦像》中。目前认为，这可能是乔托所绘制的所有《苦像》中最美的一幅作品。早在13世纪中期伊始，费德里克·泽利（Federico Zeri）就提出，

圣人主教
（约1300）
局部
乔托与画室
阿西西，圣方济各大教堂下部，
奥尔西尼祈祷所

十字架上柄部绘的《基督救主赐福》（Redentore benedicente）是出自乔托之手。

乔托在罗马涅地区逗留期间，为利米尼城本地的圣方济各教堂（现称为利米尼的马拉泰斯提亚诺教堂）创作了几幅壁画，这是迄今唯一一件留存下来的作品，深刻影响了14世纪上半叶的利米尼画家，其中包括朱力亚诺（Giuliano）、

苦像（约 1300）
利米尼，马拉泰斯提亚诺教堂

乔凡尼·达·利米尼（Giovanni da Rimini）和绘制《众天使接引圣奥古斯丁》的佚名画师以及皮埃特洛·达·利米尼（Pietro da Rimini），他们对乔托绘画语言的深刻理解令人惊异。就作品本身而言，可以说，这些画家对乔托风格的掌握胜过了其他佛罗伦萨画家。

◀ **基督为门徒濯足**
（约1303—1305）
帕多瓦，斯克洛维尼祈祷所

1302—1314

帕多瓦时期的古典风格

驻足帕多瓦

似乎在1302年到1303年之间，乔托接受了圣方济各会修士的邀请，离开利米尼，前往帕多瓦为圣安多尼大教堂绘制壁画。遗憾的是，他为教堂的"祈福小堂"（Cappella di Benedizioni）创作的作品因为保存不善，其中几个圣徒半身像（Busti di sante）已严重磨损，几乎无法辨认。不过教堂正殿中的其他作品具有更重要的意义，14世纪中期的作家米凯勒·萨丰纳洛拉（Michele Savonarola）认为，这部分的装饰出自乔托之手。

尽管这几件画作保存状况堪忧，但仍然昭示了作为佛罗伦萨画派革新者的乔托在这个新阶段展现出的高超技艺。特别是《苦像》的残留部分，至今依然呈现出丰富的层次感和色调，令人目眩神迷，可以想象原作是何等宏伟。北墙上一字铺陈的壁画《诸圣徒与先知》（Santi e Profeti）中画中人物神秘而高贵的肃穆气质，同样令人印象深刻：这乃是所谓"拉文纳元素"的证明，起源于拜占庭壁画，也是乔托这一阶段创作当中最被研究者所关注的内容。最左端的圣嘉乐的形象极其生动，令人联想到古埃及的雕塑形象。虽然画作已严重磨损，然而根据画中人物全神贯注的表情与忘我的神态，我们仍然可以将它视为乔托作品之中艺术品质最高的一批。多年后，乔托又在佛罗伦萨圣十字大殿巴尔迪祈祷所后墙上绘制了同一个形象——圣女嘉乐，然而与帕多瓦"祈福小堂"的圣嘉乐相比却显得平淡无奇。

从阿西西圣方济各教堂下部圣

艺术人生——乔托

苦像
(约 1303—1305)
残片
乔托画室
帕多瓦，圣安多尼大教堂正殿

圣徒半身像（约 1303—1305）
残片
乔托画室
帕多瓦，圣安多尼大教堂，祈福小堂

圣玛利亚选婿

（约1303—1305）

帕多瓦，斯克洛维尼祈祷所

尼各老祈祷所，到帕多瓦阿莱那祈祷所①，这些装饰壁画显示了乔托风格的过渡时期。令人难以置信的是，前不久这些作品还被视为试图模仿乔托风格却未成功的仿作。此外，乔托还为帕多瓦的理性宫绘制了一件杰作——《占星术论辩》，但作品完全没有留存下来。乔托在帕多瓦创作的时期尽管短暂，但他正是由于在此期间为银行家恩里科·斯克洛维尼（Enrico Scrovegni）的私人祈祷所绘制壁画装饰而声名鹊起，这也是乔托艺术生涯中的一个关键转折点。

---

① Cappella d'Arena 又译为"竞技场祈祷所"，即下文的"斯克洛维尼祈祷所"。——译注

艺术人生——乔托　53

帕多瓦的斯克洛维尼祈祷所

对乔托草图的一些研究表明，斯克洛维尼祈祷所从1303年开始动工修建，于1305年3月25日竣工并祝圣开堂，祈祷所的装饰绘画此时应该已经完成。绘画总共36幅，包括《圣处女与基督的故事》(*Storie della Vergine e di Cristo*)，场面恢宏的《大天使加百列受命》(*Missione di Gabriele*)以及凯旋门上方的《天使报喜》(*Annunciazione*)，此外还有正对面的《公审判》(*Giudizio finale*)。拱顶内共绘有10枚徽记，其中有《圣母子像》(*Madonna col Bambino*)、《基督》(*Cristo*)以及《诸圣徒与先

玛利亚之父若亚敬被逐出耶路撒冷（约1303—1305）
局部与全图
帕多瓦，斯克洛维尼祈祷所

玛利亚的父母若亚敬与亚纳在耶路撒冷的金门相见（约 1303—1305）
帕多瓦，斯克洛维尼祈祷所

若亚敬造梦

（约 1303—1305）
帕多瓦，斯克洛维尼祈祷所

知》（Santi e profeti）半身像；一条宽绶带上绘制了《旧约故事》（Storie dell'Antico Testamento），《诸圣徒半身像》（Busti di santi）。还有《讽喻形象》（Figure allegoriche），位于装饰画底部靠近墙裙处，以单色绘制，其中包括"恶德"（Vizi）与"美德"（Virtù）的 14 种拟人形象。乔托着手一件与教会无关的地方作品后十多年，肖像设计才全部完成，这件地方作品在长老会（Presbiterio）内描绘了《圣母辞世》（Morte della Vergine）和《圣母升天》（Assunzione della Vergine）的形象。与阿西西圣方济各教堂的《圣方济各的故事》相较，帕多瓦的斯克洛维尼祈祷所的壁画无疑具有更丰富的内容。然而应当考虑到，这两组作品的创作时间前后虽相距 10 年之遥，但在乔托这位具有权威地位的创新天才的绘画语言中，完全达到了兼容并蓄。阿西西圣方济各教堂壁画的边缘装

天使向圣亚纳报喜（约 1303—1305）
帕多瓦，斯克洛维尼祈祷所

饰具有一种强有力的全局透视感；而阿莱那祈祷所的作品则带有一种更具装饰性但却显得不那么突兀的精致元素，原因之一可能是由于后者在创作时受到极大的空间局限，导致作品规模缩减。

帕多瓦作品的整体构图简朴而清晰，但最大的特色在于它营造的氛围和人物集体情绪的表现，这二者的情境设计得庄严肃穆，对人物心理状态的表现堪称卓绝，启发了许多古典戏剧表演者。

然而，就像所有的天才艺术巨匠一样，乔托不曾落入任何类型化的窠臼：这件作品具备了所谓"帕多瓦古典主义"风格的高度叙述性特色，绝不逊色于许多类似作品。在对墙的《公审判》当中，乔托大量运用介于讽刺手法和戏剧手法之间的技巧，或用于展现残酷现实主义的画面特色，或意在表现人物形象中的深刻人性。其中在《天使向圣亚纳报喜》这幅作品的场景中，楼梯下纺线的女仆给人一种健壮有力的印象，尤其令人难忘。

在绘画艺术中，世世代代以来人们一直推崇一种平衡感，艺术家为此苦苦求索。这件作品的主调似

天使向圣亚纳报喜（约 1303—1305）
局部
帕多瓦，斯克洛维尼祈祷所

玛利亚降生（约 1303—1305）
帕多瓦，斯克洛维尼祈祷所

献女童玛利亚于庙(约1303—1305)
帕多瓦,斯克洛维尼祈祷所

玛利亚成婚（约 1303—1305）
帕多瓦，斯克洛维尼祈祷所

不忠与愤怒（1303—1305）
帕多瓦，斯克洛维尼祈祷所

乎受到这种平衡感的启发，并试图从中挖掘出隐藏更深的本质。画面中有些人物形象的气质，似乎介于某些古代雕塑只可仰望的肃穆与法式哥特风格的摩登与精巧之间。不过，即使从空间概念的角度去看，也难以对乔托的风格做出过度类型化的界定。

透视法秘所
（1303—1305）
局部
帕多瓦，斯克洛维尼祈祷所

报喜天使与圣母

（1303—1305）
局部
帕多瓦，斯克洛维尼祈祷所

如果说，帕多瓦的斯克洛维尼祈祷所壁画中的空间概念确实不及阿西西圣方济各教堂的壁画鲜明，那么就需要指出赫赫有名的《透视法秘所》（Coretti prospettici）代表了幻想技法在前文艺复兴时期空间透视上的绝对顶峰。画家绘制了一个看似由各种大理石砌成的基座，高处则绘制了一个略微凸出的框架结构，由一系列相连的支架撑起，以此构成秘所。这种技法具有重大的革新意义。以单色绘制的"恶德"与"美德"的精美讽喻形象安排在绘制的大理石基座上，用隔板分开，意在模仿实物当中对应的浅浮雕部分。这部分绘画技艺高超，涉及一系列拟人形象，包括"正义"（Giustizia）、"不公"（Ingiustizia）、"愤怒"（Ira）以及"善变"（Incostanza）。应当注意到，它们显示出了乔托创作水平所达到的新高度，比起阿西西圣方济各教堂中的壁画，这一组作品更加流畅柔和，而且剔除了前代画家笔下那种略嫌生硬的通透感。很多研究者都曾指出，比起阿西西的装饰画，帕多瓦壁画在风格层面上显得更加统一，更具有一致性。就作品的创作条件而言，作品所在的空间相对狭窄，氛围也更具有私人意味，因而在实际绘制时，栈桥上只能容

耶稣诞生
（约 1303—1305）
帕多瓦，斯克洛维尼祈祷所

纳很少的人来协助乔托工作。研究者曾经做过一些实验，目的是将助手的身份与我们已知的艺术家对应起来，但迄今的结果仍然不尽如人意，无法与我们对阿西西圣方济各教堂壁画作者身份的了解情况相比。近来的观点认为，在文献记载下来的画家之中，乔托画室中的两名助手，弗朗西斯科（Francesco）和多纳多（Donato），都有可能是他的儿子。虽然乔托将绘画前期准备工作、画面镀金、画面的次要部分及较简单的部分等交给画室中的几名助手完成，但这却极有可能影响壁画创作的全部阶段。《天使报喜》这幅作品是专为祈祷所创作的，陈列在凯旋门的月形拱板（lunette）这个位置，上方是一块用作壁板的木板画，上面绘有《宝座上的基督》（Cristo in trono）上面的形象，但已经严重

三王来朝（约 1303—1305）
帕多瓦，斯克洛维尼祈祷所

伯利恒屠婴（约 1303—1305）
帕多瓦，斯克洛维尼祈祷所

逃往埃及（约 1303—1305）
帕多瓦，斯克洛维尼祈祷所

献耶稣于神殿(约 1303—1305)
帕多瓦,斯克洛维尼祈祷所

宝座上的基督
（约1303—1305）
帕多瓦，市立博物馆

耶稣将诸商人逐出神殿
（约1303—1305）
（见70页—71页）
局部
帕多瓦，斯克洛维尼祈祷所

拉撒路死而复生
（约 1303—1305）
帕多瓦，斯克洛维尼祈祷所

受损。这一复合建筑结构包含了《天使报喜》的画面，很容易让人联想到阿西西圣方济各大教堂的墙面设计。此外，在空间结构上，乔托还做出了新的创举，他将斯克洛维尼祈祷所的壁画绘制在宽敞的楼梯上，正好与楼梯大小吻合，从而照应了画面当中以缩小透视法表现的带有圣光的人物侧影。

场面宏伟的《公审判》绘制在祈祷所的对墙上，画作各部分以极高技巧的神秘幻影为构成基础，精妙绝伦，同时伴以细致入微的细节描绘，从而显露出一种非同寻常的

加纳婚宴

（约 1303—1305）
帕多瓦，斯克洛维尼祈祷所

物质真实感的自然主义风格。这幅珍贵的中世纪人像绘画秉承了具象艺术的传统规范，当然，乔托虽然没有颠覆这一传统，但也在此首次提出了一种建立在实际视觉单元上的新技法。壁画下部可以看到银行家恩里科·斯克洛维尼的形象，他正向与两位圣徒并肩而立的圣母献上一件建筑模型，尽管这是一个下跪的形象，但这可能是西方现代绘画中首次用与圣人等身比例描绘一个世俗人物。

祈祷所的装饰画整体由两个侧边和《苦像》构成，原本绘制在隔

公审判

(约1303—1305)

局部

帕多瓦,斯克洛维尼祈祷所

板(tramezzo)上,现藏于帕多瓦市立博物馆。作品于1995年修复,修复后的作品充分呈现出乔托的风格以及其所具有的同时代壁画的一致特色,现在已经公认它正是乔托本人的作品,而且在目前流传下来的由乔托绘制的《苦像》当中,这是最小的一件。

在形态和风格等许多方面,这一件《苦像》都令人想起利米尼的马拉泰斯提亚诺教堂中的典范之作。修复者在《苦像》背面发现了精心绘制的大理石图案留下的印迹,显示出浅淡而清晰的光影结构,十字

公审判

(约1303—1305)

帕多瓦,斯克洛维尼祈祷所

苦像(约 1303—1305)
帕多瓦,市立博物馆

苦像（约 1303—1305）
帕多瓦，斯克洛维尼祈祷所

基督与该亚法（约 1303—1305）
帕多瓦，斯克洛维尼祈祷所

架中心和末端分别绘有《基督的羔羊》（Agnello mistico）和《使徒徽记》（Simboli degli Evangelisti）。就第一印象而言，这种装饰方法和帕多瓦的斯克洛维尼祈祷所绘制的大理石基座图样彼此呼应，笔者早已指出过，这恰恰证明，佛罗伦萨的《圣莱伯腊妲祭坛画》（Polittico di Santa Reparata）背面类似的图形是这种做法的先声。

圣神降临
（约1303—1305）
帕多瓦，斯克洛维尼祈祷所

最后的晚餐
（约1303—1305）
帕多瓦，斯克洛维尼祈祷所

哀悼基督
（约1303—1305）
（见80页—81页）
局部
帕多瓦，斯克洛维尼祈祷所

重返佛罗伦萨

帕多瓦时期对于乔托的艺术生涯具有重大意义。此后，乔托又重返故乡佛罗伦萨，带给这个托斯卡纳地区的中心城市一种庄重、肃穆，而又具有强烈可塑性的绘画语言，恰恰与帕多瓦的斯克洛维尼祈祷所的壁画形成反差。似乎应当从这个视角诠释佛罗伦萨圣斐理教堂的《苦像》：在20世纪90年代初，这件作品得到了修复。此前可能主要是由于不易辨认的缘故，在很长一段时间里，这件作品被艺术批评家忽略，认为并非乔托的真迹。然而，我们应当意识到，近代的艺术研究中仍然存在很多极其错误的观点，以至于除了这件作品，还有其他几件作品也被错误地认为仅仅是与乔托作品相似的仿作。

这个十字架是少见的木制品，可以检视出木纹，其上整体凸显出基督的形象，而且显然与不久前在利米尼和帕多瓦创作的几件典型作品的风格发展方向一致。从各个角度看，作品都展现了非常明显的自然主义色彩；就风格而言，十字架右臂的《使徒圣约翰受难》（San Giovanni dolente）的形象无疑更接近帕多瓦的壁画。不过，佛罗伦萨圣斐理教堂的《苦像》完全是"新乔托主义"的风格，而且很可能是这个世纪中佛罗伦萨艺术家从事同一主题创作时重要的参照原型之一。

在14世纪第一个10年后半段，乔托最重要的作品必然是《圣母升天》（Maestà），此作品具有强烈的感染力，于1919年起收藏于佛罗伦萨乌菲兹美术馆。这件作品原本属于谦卑派修会（Umiliati）所有，陈列在佛罗伦萨的诸圣教堂，很可能是为位于隔板中门右侧的祭坛绘制的。与此同时，根据吉贝尔蒂在他的作品《述评》中的记载，这件作品无疑出自乔托之笔。但长期以来，艺术批评家们争论的焦点在于，这件作品究竟创作于帕多瓦的斯克洛维尼祈祷所的壁画之前还是乔托回到佛罗伦萨以后。目前主流观点认为，乔托有可能一回到佛罗伦萨就立即创作了这件作品，因为从风格变迁的时间上看，佛罗伦萨圣斐理教堂的《苦像》几乎与它一致。圣母子的形象犹如雕塑，矗立于作品中心位置，营造出王座式的建筑效果，十字架极致优雅的哥特式结构令人

苦像（约1310）
佛罗伦萨，圣斐理教堂

圣母升天（约 1310
佛罗伦萨，乌菲兹美
术馆

想起帕多瓦的斯克洛维尼祈祷所壁画中类似的建构手法，大胆展现出圣徒和天使的外形特点。

在风格上，这件作品应该属于乔托的"帕多瓦古典时期"，代表了他创作生涯中绘画语言最理想化、最庄重的一个阶段。假如一位谦卑派修会的饱学之士能够妥当地表达各种画作中的神学寓意，他必定也会向这位艺术巨匠提出一些意见。举例来说，帕多瓦的斯克洛维尼祈祷所壁画中的圣母身着白衣，暗示她的贞洁，但这种形象在佛罗伦萨的绘画中并不常见。另一方面，近旁两个身着绿衣的天使是关键性的人物，具有重要的宗教象征意义：左边的天使捧着一顶为圣母准备的华丽的冠冕，暗示她是天国的女王；而另一名天使预备向圣婴奉上圣餐盒，显然暗示着基督受难。

如果深究这幅巨作的总体神学寓意，我们就必须点明一个事实：暗示这些神圣形象身份的手法并不那么浅显易懂。比如，王座两侧绘有两个人物形象，居于左侧的应该是圣保罗，右侧的应该是圣本笃或是圣贝尔纳罗。画面并没有绘制圣彼得的形象，这是可以理解的，因为画作表达的中心内容显然是供奉圣母。与13世纪典型的圣母文化相比，画面的全局安排和形象刻画似乎仍然追随时代的潮流，且没有发生实质的变化。但实际上，不论是在宗教理念、信仰崇拜理念，还是在艺术表达层面上，都是全新的：乔托似乎延续了像阿尔诺尔福这样的古代画家的鲜明风格，从近处刻画作为女性主宰者的圣母——她带着一缕慈悲的微笑，抿起双唇，微微露齿。

乔托从圣人们有血有肉的人类形体中升华出天堂般至高的神性，又一次贡献给我们一幅令人难以置信的杰作。对于同时代乃至14世纪以后的佛罗伦萨艺术家来说，佛罗伦萨诸圣教堂的大型祭坛画（pala）是可以与新玛利亚大教堂的《苦像》相提并论的，同样是一个不可或缺的范本，值得从各个角度加以研究和诠释。根据瓦萨利的记载，乔托的入室弟子塔戴奥·嘉迪曾在乔托的画室中整整学艺25个年头。1320年，嘉迪为本地的方济各教堂仿画了《圣母升天》，这是仿作之中最成熟、最接近原作的一件。《圣母升天》的原作现藏于佛罗伦萨卡斯泰尔菲奥伦蒂诺的圣范娣亚娜博物馆画廊。

圣母升天(约 1310)
局部
佛罗伦萨,乌菲兹美术馆

重返阿西西

乔托在帕多瓦短暂停留后又重返佛罗伦萨，但这段时间应该也同样短暂。根据一份 1309 年的文件记载，阿西西画家帕尔梅利诺·迪·圭多以乔托名义还清了一笔借款，这表明后者此时刚刚离开阿西西。研究者们通常认为，此事与阿西西圣方济各教堂下部玛德莱娜祈祷所的装饰工作有关。根据祈祷所中绘制的徽记，作品的委托人是阿西西的主教提奥巴尔铎·潘塔诺。此外还需要指出，研究者过去认为这类画作属于乔托画派的作品，也就是说，是由乔托的同侪或助手完成的。目前的观点认为《玛德莱娜的故事》(*Storie della Maddalena*) 完全出自乔托笔下，但至少另有一位画家也参与创作，他有可能就是前文提到过的画家帕尔梅利诺·迪·圭多，又名"表现主义手法的圣嘉乐佚名画师"。乔托在这件作品中表现出的风格和技法直接源自帕多瓦的斯克洛维尼祈祷所壁画，全局构图更加宽广开阔，最重要的是色调的使用显得更加精美生动，斯克洛维尼祈祷所中也同样绘制了《拉撒路死而复生》(*Resurrezione di Lazzaro*) 和《耶稣与玛德莱娜》(*Noli me tangere*) 两个场景，但玛德莱娜祈祷所的装饰画占据更大的空间，这显然与前作有密切关系。作品被虚像式的建筑结构包围，视觉效果十分有趣，内部令人联想到宏伟的阿西西圣方济各大教堂中的壁画《圣方济各传奇》，后者同样绘有带有螺旋状圆柱

玛德莱娜的故事
（约 1309）
局部
乔托及助手
阿西西，圣方济各教堂下部，玛德莱娜祈祷所

天使引领玛德莱娜进入天堂（约 1309）
局部
阿西西，圣方济各教堂下部，玛德莱娜祈祷所

天使引领玛德莱娜进入天堂（约1309）

局部

阿西西，圣方济各教堂下部，玛德莱娜祈祷所

圣玛思蒙传信玛德莱娜以及玛德莱娜升天（约1309）

局部

阿西西，圣方济各教堂下部，玛德莱娜祈祷所

玛德莱娜与枢机主教皮埃特洛·迪·巴洛（约 1309）
阿西西，圣方济各教堂下部，玛德莱娜祈祷所

的建筑装饰，营造出凸出的立体视觉效果；画面最高处由一系列式样相同的画框组成，这又令人想起帕多瓦的斯克洛维尼祈祷所的装饰技巧。画面的内部空间较为开阔，许多细部都显示出高超的画质：比如，拱顶圆形装饰中的《拉撒路半身像》令人过目难忘；《天使引领玛德莱娜进入天堂》中柔和甜美的形象，后来还影响了画家乔提诺（Giottino）；还有《圣玛思蒙传信玛德莱娜以及玛德莱娜升天》以及《耶稣与玛德莱娜》这样的画面，以令人惊讶的构图技巧表现出人物的虔诚。画面装饰细部内容丰富而饱满，画面背景中绘制了天使和哥特风格的四叶装饰纹样（quadrilobi）；背景和人物圣光的着色使用青金石蓝和镀金手法，同样令人印象深刻。玛德莱娜祈祷所的这件作品为阿西西圣方济各大教堂下部耳堂和走道上方的帆式拱顶中运用的大规模装饰奠定了基础，应当说代表了乔托绘画语言发展过程中的一个重要阶段。

佛罗伦萨时期的哥特风格

据文献记载，乔托大约在1311年完成阿西西的玛德莱娜祈祷所的装饰，在罗马短暂停留后，于1313年再次回到佛罗伦萨，并委托了一个可信之人为他取回一些遗留在罗马的物品。此时已是14世纪20年代初期，乔托的绘画语言已经发展到了一个新的阶段，表现出转向哥特风格的重大变革，这种变革将对14世纪的意大利绘画产生深远的影响。这个阶段也意味着对朴素的"帕多瓦古典风格"的超越。乔托似乎有兴趣通过探索性的研究，发掘素描精细优雅的特质及它的表现潜力，作为更柔和的雕塑形象的参照，从而在画面中传达一种更为细致的表征手法和叙事方式。现藏于德国柏林画廊的《圣母长眠》(Dormitio Virginis)的创作时间可以追溯到1310年前后，这件作品也是说明乔托艺术生涯的这一阶段的极佳范例。这件作品来自佛罗伦萨诸圣教堂，过去很长一段时期里，被认为与现藏于佛罗伦萨乌菲兹美术馆的《圣母升天》是在同一时期创作的。有人甚至主张，这件作品有可能是《圣母升天》的一个构成部分，但这种推论仍然缺乏足够的依据。作品画面构图极为精致，人物形象在视觉上显得更加修长，并运用了一些特殊的构型手法，似乎预示了阿西西圣方济各大教堂的装饰风格。另有一幅精美的草图可能也是这一阶段的作品，收藏在巴黎卢浮宫的素描

圣母长眠
（约1310）
德国柏林画廊

室。画作以绿色陶土在着色羊皮纸上绘制了两名男子形象，人物显坐姿，且身份并不明确，可能是两名基督的使徒，也可能是某种拟人化讽喻形象。不过，无论如何，其独一无二的风格表明此作品和乔托有着莫大的关联。

根据吉贝尔蒂和瓦萨利等人的早期文献的记载，乔托曾为佛罗伦萨圣十字教堂绘制了四座祭坛画以及祈祷所的壁画。佛罗伦萨圣十字教堂内右侧第二间佩鲁兹祈祷所（Cappella Peruzzi）内的壁画已经损毁，但现在大部分意见都认为，这是14世纪20年代前半期的作品。直到16世纪，佩鲁兹祈祷所的壁画仍是乔托的作

两个男子坐像
（约1305—1310）
巴黎，卢浮宫

品中最受赞赏并且受到研究关注的。在 18 世纪下半叶，绘有壁画的墙面一度完全被粉刷的石灰盖住。

　　就好比研究马萨乔和米开朗琪罗的草图一样，应当首先领会乔托在这些画作中对于空间和宗教的表达方式。画面装饰分两部分，一部分为位于左墙上的《施洗者约翰的故事》(*Storie parallele di san Giovanni Battista*)，一部分为右墙的《使徒圣约翰》(*San Giovanni Evangelista*)。如今，画作只有最初的残余部分得以保存下来，因而研究的重点并不在于画面的风格手法或层次表现方式上，而主要集中在画面构图和空间理念上。寥寥几个画面细部保存尚可，比如《以弗所女子在使徒圣约翰面前死而复生》(*San Giovanni Evangelista risuscita Drusiana*)中人物伸出的右手，这也是意大利艺术历史上最著名的手势之一。令人遗憾的是，虽然作品画质绝佳，并表达了强烈的情感，但能够启发我们的细节却很少。不过，就作品所表

以弗所女子在使徒圣约翰面前死而复生

（约 1310—1313）佛罗伦萨，圣十字教堂，佩鲁兹祈祷所

天使向使徒圣约翰报喜

（约1310—1313）
佛罗伦萨，圣十字教堂，佩鲁兹祈祷所

达的空间理念而言，佩鲁兹祈祷所的装饰画却在乔托的艺术生涯里占据了最重要的地位。

在这件作品中，乔托没有采用惯常的面对祈祷所入口的正面视角，而是从一个高度倾斜的视角出发安排画面，从而展现出一个虽不十分宽阔却具有相当高度和纵深的特殊画面空间。如此一来，宽广墙面上的虚构建筑物在视觉上似乎缩短了，但空间结构却异常清晰，这第一次证明了乔托在建筑方面的才能。过去曾有一种假设，认为不论从风格还是时间上看，佩鲁兹祈祷所的壁画都与圣十字大殿巴尔迪祈祷所的作品非常接近，这种观点曾经受到认可，但今天已经被摒弃，因为，根据佩鲁兹的壁画传达给人的印象，它更像是后来的作品。

乔托似乎也绘制了祈祷所的祭坛画，如果猜测属实，那么这幅祭坛画就应该确定是现藏于北卡罗来纳州艺术博物馆的一幅多联祭坛画的一部分，完整的祭坛画还应当包括

艺术人生——乔托　95

希律王的宴会（约 1310—1313）
佛罗伦萨，圣十字教堂，佩鲁兹祈祷所

基督赐福，施洗者约翰与圣方济各，使徒圣约翰与圣母（约 1310）
罗利，北卡罗来纳州艺术博物馆

基督的门徒探望狱中的施洗者约翰（约 1320）
雅可布·德尔·卡森提诺
德国，德累斯顿美术馆

位于组画中心的《基督赐福》（*Cristo benedicente*），左侧是施洗者约翰与圣方济各，右侧是使徒圣约翰与圣母。这幅祭坛画过去却经常被认为是出自画室或者模仿者之手，但实际上作品画质极佳，圣方济各的形象尤其令人叫绝。还有一种看法认为，罗利美术馆祭坛画的背侧部分可能描绘了一个殊为稀少的场景——《基督的门徒探望狱中的施洗者约翰》（*San Giovanni Battista in carcere visitato dagli Apostoli*），这一部分现藏于德国德累斯顿美术馆，据推测，应当是雅可布·德尔·卡森提诺青年时代的作品，但研究者当中，只有为数不多的人赞同这种观点。

佛罗伦萨时期是乔托最为高产的一个阶段，但《圣莱伯腊妲祭坛画》是其中最重要的作品，这一组画原是为佛罗伦萨古老的主座教堂——圣母百花大教堂的主祭坛绘制的，用于装饰祭坛两侧。这件作品享有盛誉，但长期以来一直被认为仅仅属于带有乔托风格的作品，直到晚近才认定为出自乔托笔下。祭坛画前部绘有《圣恩仁，圣明雅，圣哲诺必，圣恪睐善伴随圣母子》（*Madonna col*

Bambino tra i santi Eugenio, Miniato, Zanobi, Crescenzio）；后部绘有《圣莱伯腊妲，施洗者约翰，玛利亚玛德莱娜，圣尼各老报喜，诸圣人伴随圣婴耶稣》（*Annunciazione tra i santi Reparata, Giovanni Battista, Maria Maddalena, Nicola con bambino*）。画面精美绝伦，各个部分都遵循高度对称的原则，这一点尤其体现在画作后部的人物形态以及空间安排上。从风格角度来看，它与阿西西圣方济各圣殿右侧耳堂以及教堂甬道处的帆式拱顶的装饰有类似之处。

某些权威研究者认为《圣莱伯腊妲祭坛画》显示出乔托更早时期的风格，但作者实际另有其人，学者称其为"乔托的亲随"（*Parente di Giotto*）。此人身份成谜，是与乔托关系最密切的助手，14 世纪初期到 20 年代间，乔托画室制作的大部分作品都出自他笔下，其中包括佛罗伦萨圣斐理教堂的《苦像》和著名的《司提反多联祭坛画》（*Polittico Stefaneschi*），后者现藏于梵蒂冈美术馆。然而，尽管有些作品由于或多或少带有画室的痕迹，因而不能完全确定作者身份，但根据现有的历史线索和艺术风格分析判断，还

圣莱伯腊妲祭坛画：天使报喜（约 1305—1310）
背面，局部
乔托与画室
佛罗伦萨，学院美术馆

圣莱伯腊妲祭坛画：天使报喜（约1305—1310）
正面及背面
乔托与画室
佛罗伦萨，学院美术馆

是更适宜记入乔托名下。艺术史学家米可洛斯·博斯科维兹（Miklós Boskovits）就乔托艺术生涯的这一阶段著有一部作品，其中提出了两个重要的观点，但他的观点近年来并没有得到充分支持。

即使一位艺术史研究者对佛罗伦萨圣十字教堂中取下的壁画局部是否为乔托真迹抱有怀疑态度，却也不能否认在作品的三块残片上所附的乔托的亲笔签名。现在我们所见的作品配以巨大的玻璃装帧，但它原本陈设在佛罗伦萨圣十字教堂右侧走道上。精巧的圆形画面上绘制了一位超凡脱俗的圣职者，推测有可能是亚伦（Aronne），两片月形拱板上绘有《诸殉圣执事》（*Santi diaconi martiri*）。通过与帕多瓦斯克洛维尼祈祷所壁画以及阿西西玛德莱娜祈祷所进行对比，我们得以了解作品之间的风格差异。至少就这里谈论的这个阶段而言，"乔托画派"仍然只是一个很小的圈子，与这件作品相关的还有一件小型木板画（tavoletta），绘有《施洗者约翰与跪拜的施主》（*San Giovanni Battista e un donatore genuflesso*），现藏于拉斯佩齐亚的阿美迪欧·利亚市立博物馆，作品重现了《圣莱伯腊妲祭坛画》背面画作鲜明的空间特色和表现手法。

痛苦的圣母（约 1305—1310）
局部
安东尼奥·维尼泽恰诺（？）
佛罗伦萨，圣十字教堂博物馆

牧人（约 1310—1314）
局部
乔托与画室
佛罗伦萨，学院美术馆

圆形图案：**亚伦**（？）
月形拱板：**诸殉圣执事**
（约1310—1314）
局部
佛罗伦萨，圣十字教堂
博物馆

施洗者约翰与跪拜的施主
（约 1315—1320）
乔托画派
拉斯佩齐亚，阿美迪欧·利亚市立博物馆

◀ **苦像**（约 1314—1320）
局部
乔托及助手
阿西西，圣方济各教堂下部

1314—1328
大师与他的画室

色彩大师乔托：阿西西的《圣婴基督的故事》和帆式拱顶

中世纪艺术家们是如何在画室中展开创作的，一直是艺术史研究者关注的一个核心问题。今天人们可以很容易地在图书馆里找到有关这一主题的最新研究，这也表明，目前这个主题仍然备受关注。就我们了解，通常由一间画室主要负责，协调各个参与者之间的合作，使得其他各有专精的画室也能参与协作。例如，有些画室准备木脚手架，有的负责贴金箔或者负责制作冠冕以及镀金部分的其他装饰，有可能是杂活儿，也可能是铭刻文字这类比较精细的活计。在创作大规模板画或壁画时，助手可能常常在实际绘制阶段参与进来，但他们的工作经常被低估。而且，为了符合委托人的要求，避免争执，最终作品仍然要显示出主要负责创作的画室的风格。这个时代存在大量类似的雇佣合同，其中委托人常常提出明确要求，作品必须是受托画室"亲笔所出"。鉴于这些基本考量因素，我们也许可以赞同这样一种看法：一名画家的确可以在不同场合表现出特有的风格笔触，但也不宜由此来确定某件画作的归属，认定它必然出自某位众所周知的画家笔下；换而言之，即使一件作品明显带有某位画家的个人风格，我们也不能确定无疑地将某件作品完全归入他的名下。的确，当我们以批评的角度谈论14世纪最出色的壁画装饰以及品质最高的意大利绘画时，自然而然会将之与乔托本人及其助手的作品联系起来。根据目前对作品表面敷料状况的分析，已经确定了几件作品的先后绘制次序，分别是：《圣婴基督的故事》《圣方济各行神迹》（*Miracoli post mortem di san Francesco*），还有画在主祭坛前方甬道的帆式拱顶上的《"圣方济各修会信条"的讽喻形象》（*Allegorie francescane*）。根据文献记载，乔托此时并不在佛罗伦萨。历史线索殊途同归，表明以上作品极有可能绘制于 1314 年 9 月至 1320 年 10 月。瓦萨利以及路德维科·达·皮埃特拉隆戈修士等人所写的历史文献记载已经对这个影响最大的佛罗伦萨画派的贡献做出了肯定，更早的历史文献也广泛持有同一观点；仅仅从 20 世纪初期以后，大部分学者才渐渐忽略了这一点。

佛罗伦萨学院美术馆在 2000 年举行的乔托艺术大展引发新的评论，这些意见表明，研究者似乎确认作品中大量的装饰性部分出自乔托之手。的确，右耳堂的杰作《苦像》（*Crocifissione*）以及它大体上完全是乔托的手笔。应当指出，作品人物手势的刻画饱受争议，但这恰恰表明，一名画功深厚、独一无二的画家有

苦像

（约1314—1320）

乔托及助手

阿西西，圣方济各

教堂下部

能力在装饰细节中表现出画面各部分特点之间的强烈差异。正如我在上文中谈到的,画面主体表达了更深刻的寓意,手势差异经常对应着人物形象的变化,这不大可能是一种偶然。从各方面看《圣婴基督的故事》的绘制都堪称精美绝伦,但它最大的特点在于色彩运用独到,从而使得耳堂的内拱产生了一种宛如被宝石覆盖的视觉效果。

通过对帕多瓦的斯克洛维尼祈祷所壁画以及玛德莱娜祈祷所壁画的颜料进行的实验,表明乔托的绘画技法在这些作品中达到了巅峰。正如上文谈到的,这首次揭示了乔托运用色彩的卓绝技巧。同时

耶稣十二龄讲道(约1315—1320)
乔托及助手
阿西西,圣方济各教堂下部

圣方济各的故事：苏艾萨的遇难少年死而复生（约1315—1320）
乔托及助手
阿西西，圣方济各教堂下部

《献耶稣于圣殿》（*Presentazione di Gesù al Tempio*）和《耶稣十二龄讲道》（*Disputa di Gesù fra l dottori nel Tempio*）这两幅画画面的空间安排也非常重要，这是整个世纪中透视法运用的终极成果。

有些人认为《圣方济各行神迹》这幅作品无甚过人之处，实际上，从草图品质、形象塑造，还有最重要的空间理念上，相形之下作品绝不逊色于《圣婴基督的故事》。这件作品洋溢着一种更具当代气质的叙

"服从"的讽喻（约 1315—1320）
乔托及助手
阿西西，圣方济各教堂下部

事风格，画家借此表现圣方济各的生平，我们或许可以将其定义为"喜剧风格"。在朝圣者看来，完成的作品恰恰表现了一种具备当代气质的伟大的实在性，而《圣婴基督的故事》则自然而然由一种具有象征意义的哀悼叙事风格主宰画面。如果进行比较，就必须特别关注教堂甬道内绝美的帆式拱顶。这些作品绘制在祭坛上方，下方便是圣方济各的陵墓。这些作品十分珍贵，宽阔的背景全部饰以金箔，并不多见，它们可能是意大利14世纪最华美闪耀的一组画作。

帆式拱顶中以拟人手法绘制了若干讽喻形象，其中包括："服

"神贫"的讽喻（约 1315—1320）

局部

乔托及助手

阿西西，圣方济各教堂

"贞洁"的讽喻
（约 1315—1320）
乔托及助手
阿西西，圣方济各教堂下部

从""贞洁""神贫"，最后还有《圣方济各沐浴神恩》（*San Francesco in Gloria*）。鉴于叙事性特征的要求，这些形象要尽可能地表现出它们的寓意，传达警示和教化的视觉效果，因而大多采用了改变形式化的表达方式，甚至对惯常的人像特征加以颠覆。比如，艺术评论经常提到的图像圆睁的双目，就有可能是为了突出艺术形象的沉醉或超自然性质而运用的一种视觉手法。

有些研究者指出，《圣婴基督的故事》可能出自前文提到的那位所谓的乔托之手，下文还会再次谈到此人。而帆式拱顶则可能出自另一位同样身份成谜的"帆式拱顶的佚名画师"（Maestro delle vele）。我们已经指出这种意见是说不通的，需要认识到，阿西西圣方济各大教堂中的这部分装饰具有毋庸置疑的乔托特有的笔触和风格，符合如《司提反多联祭坛画》或者私人

112　艺术人生——乔托

圣方济各沐浴神恩（约1315—1320）
乔托及助手
阿西西，圣方济各教堂下部

收藏的《宝座上的圣母子、诸圣人及"美德"的讽喻形象》（*Madonna col Bambino in trono, santi e figure allegoriche delle virtù*）这些大体上被确认为乔托作品的表现风格。无论如何，即使假定真的存在这么一位"帆式拱顶的佚名画师"，他也只能是乔托画室中的某人，而且从各个角度看都受到画室领袖、也就是乔托的严格指导。换而言之，姑且不谈这幅作品是否出自乔托助手或

宝座上的圣母子，诸圣人及"美德"的讽喻形象（约 1315—1320）
对开画门叶
私人收藏

苦像（约 1315—1320）
对开画门叶
法国，斯特拉斯堡美术馆

弟子笔下，它仍然是乔托艺术思想的反映。阿西西圣方济各教堂的右耳堂及甬道的精美装饰是乔托风格发展中的一个重要阶段，从此引出的几个分支都有非凡的发展，代表人物分别为画家斯代凡诺、乔提诺和乔凡尼·达·米兰诺。

佛罗伦萨诸圣教堂的《苦像》极富感染力，非常类似于阿西西的壁画，在乔托的作品中也具有重要地位。作品的绘图和着色具有极大艺术价值，目前正在尝试完全加以修复。尽管常有人认为此作并非出自乔托笔下，甚至有人认为它是神秘的乔托的影子画家的作品，但自从洛伦佐·吉贝尔蒂的《述评》记载以来，这幅画作一直被认定是乔托的作品。它鲜明的风格特点与阿西西的《圣婴基督的故事》相当接近，在细微的自然主义构思以及对人物形象痛苦表情的精准剖析方面，两件作品也有许多类似之处。

苦像
（约1315—1320）
局部与全图
佛罗伦萨，诸圣教堂

重返罗马：《司提反多联祭坛画》

阿西西圣方济各大教堂的装饰画工作是乔托艺术生涯中的重大时期，但与此相关的最重要的一件作品，毫无疑问应该是我们已经提到过的现藏于梵蒂冈博物馆的《司提反多联祭坛画》。这件作品声名斐然，并且已经预示了乔托的那不勒斯时期以及晚期创作的风格特点。画作绘制在双面板子上，专为梵蒂冈圣彼得大教堂的主祭坛绘制，枢机主教雅各布·司提反奈斯契（Jacopo Stefaneschi，约1261—1341）的挽词铭文证明这是他委托乔托绘制的作

司提反多联祭坛画（约1320）
正面
梵蒂冈博物馆

司提反多联祭坛画（约1320）
背面
梵蒂冈博物馆

品。司提反奈斯契主教是教廷中最具影响力的人物之一，他满腹经纶，不仅结交像从皮埃特洛·卡瓦利尼到乔托这样一批当时最有影响力的艺术家，而且在阿维农王室中，还与圣乔治弥撒书的佚名画师以及西蒙内·马尔蒂尼素有往来。我们认为，中心绘着《两位天使伴随宝座上的圣彼得》《司提反奈斯契枢机主教伴随圣乔治》《教皇向一位圣人主教献上一本经书》①的板子应该是作品的正面，它原本被翻转向后，面朝着教堂走道陈列。而画作的左侧边绘着的一群凝神注目的人物，应该是大雅各和圣保罗，画面上方的圆圈里则是一位先知（Profeta）。板子底部只有一个部分保存下来，上面绘着《圣司提反，圣路加，小雅

① 人物身份不明，有可能是教皇雷定五世与圣奥古斯丁。

各》(Santi Stefano, Luca e Giacomo Minore)。板子后部的中心位置绘着《十七名天使及司提反奈斯契枢机主教伴随宝座上的赐福基督》(Cristo benedicente in trono fra diciassette angeli e il cardinal Stefaneschi),画作上部的圆形部分绘着《至上》(Eterno)。左侧边上的是《圣彼得殉难》(Crocifissione di san Pietro),上部尖端的圆形中绘着《以撒献祭》(Sacrificio di Isacco),右侧边绘着《圣保罗殉难》(Decapitazione di San Paolo),上部尖端圆形中绘有摩西。在板子底部的中心部分,绘有《圣彼得,大雅各以及两名天使伴随圣母子》(Madonna col Bambino in trono fra due angeli e i santi Pietro e Giacomo Maggiore);两侧的两叶板子上绘了五位使徒(Cinque Apostoli)的全身像。

根据《梵蒂冈年代记》(Liber Anniversariorum)1361年的一则脚注表明：由于这件作品的创作,乔托得到了800佛罗林金币的报酬。这件祭坛画表现了1320年前后乔托风格的发展变化,是一件关键作品,但并不能就此认为文献记载中提到的1320年是一个确定无疑的时间,因为这仅在1600年前后被雅可布·格利马尔迪提到,再没有其他的古代作家谈到此事；不

巴隆切利祈祷所祭坛画

（约1325—1330）
乔托及助手
佛罗伦萨,圣十字教堂巴隆切利祈祷所

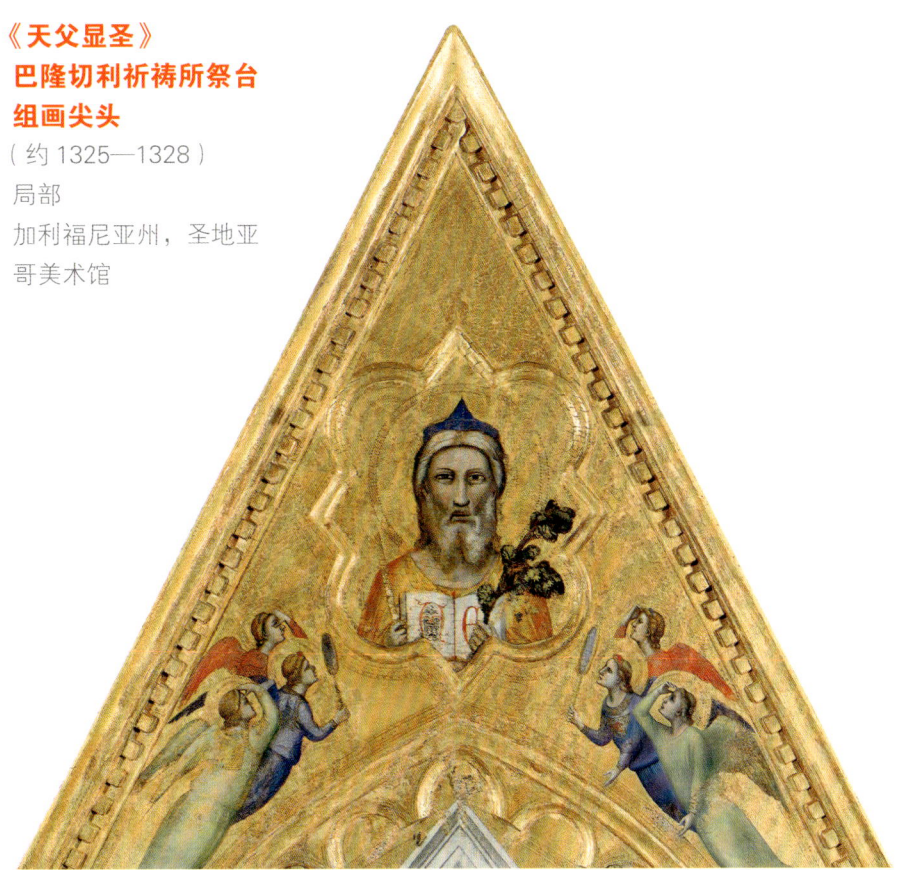

《天父显圣》
巴隆切利祈祷所祭台
组画尖头

（约 1325—1328）
局部
加利福尼亚州，圣地亚
哥美术馆

过，这个信息有助于我们推测作品的年代，最有可能的一种推论认为创作时间是在 14 世纪 30 年代上半期。附有乔托亲笔署名的三组作品包括：巴黎卢浮宫的《圣方济各领受五伤及三个故事》，佛罗伦萨圣十字教堂的巴隆切利祈祷所的壁画和博洛尼亚国家画廊的两套祭坛组画，另外还要算上圣司提反组画。虽然附有乔托亲笔署名，这三组作品长期以来却被排除在乔托的作品行列以外，至今仍然不为一些学者认可。但是这些作品可以提供给我们一个参考，认识到当代研究者所理解的中世纪画室中的创作观念和那个年代的看法之间存在着差异。梵蒂冈圣彼得大殿祭坛组画也可能是由乔托的弟子绘制的，但从后人的观点看来，乔托仍旧是真正的作者。一般认为，乔托可能专门从他的画室中调集了一批助手。参与绘制这件巨作的，其中确实包括塔戴奥·嘉迪、马叟·迪·班科（Maso di Banco）、乔凡尼·巴利莱祈祷所的佚名画师，其中最后一位是乔托在那不勒斯时期风格的最忠实的追随者，不过，这些人中最重要的还是那位神秘的"乔托的影子"。我们无法指明，乔托艺术生涯创作的全部作品中具体有哪些应当明确归于其他画家名下，这一事实导致一个极其类似的假设有可能成立。也就是说，与其将乔托各个不同创作阶段作品之间的差异归结为助手们不同程度地参与了创作，还不如说，这体现了乔托在全部创作生涯中持续不断进行的风格探索。虽然几代研究者都反复谈到这件作品层次中笔触的差异，画面卓绝的品质仍然只能归功于乔托的天赋。作品底部的《两位天使伴随宝座上的圣彼得》以及《圣彼得，大雅各以及两名天使伴随圣母子》在空间和体积感方面是无与伦比的，这样的构图，舍乔托其谁？回头看，阿西西圣方济各圣殿的右耳堂的壁画和甬道的帆式拱顶是乔托绘画风格成熟的开端，而在《司提反多联祭坛画》之中，乔托在线条和用色方面达到了14世纪意大利绘画的顶峰，即便

圣方济各领受五伤（约1300）
局部
巴黎，卢浮宫

同时代崛起的另一位不世出的伟大画家西蒙内·马尔蒂尼也无法与之相提并论。为了从更多方面理解这件作品，需要将这位佛罗伦萨画派的代表人物与西蒙内·马尔蒂尼这位伟大的锡耶纳画家进行比较。首

先，画作的用色无一处不极致精巧，人物形象具备一种优雅的哥特风格，还应留意到宽阔的彩画装饰以及丰富的装饰细节，比如画作表层的金箔，当时这项工作尚未专业化。围绕着祭坛组画这一画种来说，吉贝尔蒂认为，教堂后殿的壁画装饰也是乔托的作品。据瓦萨利描述，画面包括五幅《基督的故事》（*Storie di Cristo*），但只有绘有《两位圣人头像》（*Due teste di santi*）的局部流传下来，目前属于意大利私人收藏。一份1625年的文书背面记载了这件作品，称其正是专为圣彼得大教堂制作的。这片《两位圣人头像》残片风格鲜明，兼具表现主义和自然主义两种特征，令人惊叹。作品也令人联想到梵蒂冈博物馆的多联祭坛画。还有另一件《司提反多联祭坛画》的同时代作品，几乎可以肯定是出自乔托的画室，目前属于纽约私人收藏。这件作品原是一件三联画的右侧边部分，绘有《圣安德肋与圣良纳德》（*Sant'Andrea e san Leonardo*）全身像，画作的叶片形尖端部分绘有圣方济各的半身像，但世人迄今尚无法知晓三联画的全貌，也无法识别出其他匹配的部分。在这两个人物形象专注而庄严的神态中，不难捕捉到与《司提反多联祭坛画》正面两侧元素的近似之处。当然，从绘画质量上看，《司提反多联祭坛画》的绘画质量显然远超过前者。二者之间的联系主要在色彩方面，都是以不鲜亮的红色、蓝色作为调和的基调，表现热烈而明快的色调，并穿插以柠檬黄。

两位圣人头像
（1320—1325）
局部
乔托及画室
阿西西，菲乌米·塞尔马泰伊-德拉·臻嘉收藏品

左：**使徒圣约翰与天使**（约1320）

右：**圣老楞佐与天使**（约1320）法国，沙阿利，雅克马尔·安德烈博物馆

巅峰时期的巨制

根据文献记载，1320年10月、1322年1月，以及1325年至1326年，乔托身在佛罗伦萨。自1320年开始，50岁后，佛罗伦萨画家乔托已经是当时最有名望的画家，他不但深受教廷青睐，还收到许多重要修会以及富翁的私人委托。乔托面对着超乎寻常的巨大荣耀，一系列的工作蜂拥而至，每一件不仅仅对于乔托个人，而且对于14世纪的意大利绘画都是意义重大的。但是，目前几乎无法完全确定这一系列创作的具体时间顺序。其中有两件格外重要的作品，一件是帕多瓦的斯克洛维

圣母子像（约 1320）
华盛顿，国家美术馆

尼祈祷所的壁画（1303—1305），一件置于佛罗伦萨巴杰洛美术馆的执政官祈祷所（1337）。鉴于这一基本情况，使人很容易就能理解，为什么研究者时至今日仍然难以确定乔托创作成熟阶段的具体时间，尤其是在时间顺序上争执不下。举例来说，关于佛罗伦萨圣十字大殿巴尔迪祈祷所壁画的创作时间的推断甚至无法缩小到20年内。下面我们就要谈到，这段时间内一大批作品的共同之处在于，即使它们各自具备某些微妙的风格差异，但毋庸置疑都表现出乔托特有的特点。与过去不同，如今看来，在乔托艺术生涯的每个阶段，他的作品最首要的是展现一种不竭的探索精神，这种精神源于他自身，是他的助手和模仿者所不具备的。根据洛伦佐·吉贝尔蒂的记载，乔托接受圣方济各修会委托，为佛罗伦萨圣十字教堂画了四组祭坛画，并装饰了四座祈祷所。无论如何，必须指出的是，在那个年代的遣词造句中，哪怕实物仅仅是一座神龛，只要它的大小允许在里面设一个祭坛，就可以称之为"祈祷所"。现在大致认为，华盛顿国家美术馆收藏的《圣母子像》（*Madonna col*

苦像（约1320—1325）
德国，柏林美术馆

苦像（约 1320—1325）
乔托画室
法国，特卢瓦美术馆

Bambino）应该处于这件组画的中心部位，两边的木板藏于法国沙阿利的雅克马尔·安德烈博物馆，上面分别绘有使徒圣约翰和圣老楞佐，木板上方的三角形部分各绘有一个天使的半身像。中间木板上的圣母子极为精美，代表了乔托人像形貌的最高水平，可以称为詹提利·达·法布里亚诺的先声之作。

这套画作的精确断代目前也完全不能确定，仅仅能围绕画风提供的有关线索做出有限的假设。两位圣人的形象比较接近于佩鲁兹祈祷所的壁画，因而有可能创作于 14 世纪 20 年代的上半期，而华盛顿国家美术馆的《圣母子像》的画风已经极度成熟，说明作品有可能是在 1320 年或略晚些时绘制的。

佛罗伦萨霍尔纳博物馆收藏的《圣司提反像》（Santo Stefano）属于乔托最优美的作品之一，过去长期被认为是上文提到的组画的一部分，近年来由于对作品的材料的性质和层次进行了相关分析，这种观点已经被完全否定。不过，这件作品的绘画水平远远胜过前者，因而这种判断最主要的依据还是风格的微妙差异，下文中我们还会谈到这个问题。

柏林美术馆的《苦像》与藏于法国斯特拉斯堡美术馆的类似主题木板画可以归结为一组画作。从风格角度看，这组画很大程度上回归到了圣方济各圣殿耳堂壁画和甬道帆式拱顶的装饰风格，不过同时也与《司提反多联祭坛画》相似，不过这种特征应该是在14世纪30年代逐步发展出来的。在斯特拉斯堡这件木板画里，画家采用渐进手法，逐步缩小画中骑手的比例，从而表现出极其精妙的空间和自然主义效果。在基督受难的场景中，乔托以高超的技艺描画了痛苦的使徒圣约翰，画面的点睛之笔在于人物的情绪表现，其中人物双手掩面，斗篷在身周卷起，形成一个宛如旋涡的凌乱圆圈，令人过目难忘。

斯特拉斯堡收藏的《苦像》极为精美，画作原本是一副对开木板画（dittico）的一部分，另一半是《宝座上的圣母子，诸圣人以及"美德"的讽喻形象》，目前由纽约的威尔登斯泰因家族收藏。法国特卢瓦美术馆收藏了另一件体积较小的同名作品《苦像》，画中的基督和方才提到的柏林藏画中的基督形象非常相似，

三王来朝（约1325）
局部
纽约，大都会美术馆

献耶稣于圣殿（约1325）
美国波士顿，伊莎贝拉·斯图尔特·加德纳美术馆

最后的晚餐（约 1325）
德国，巴伐利亚，慕尼黑美术馆

苦像（约 1325）
德国，巴伐利亚，慕尼黑美术馆

基督降临灵薄狱（约 1325）
局部
德国，巴伐利亚，慕尼黑美术馆

圣神降临（1325）
伦敦，国家画廊

乔托的另一套板画名作应该创作于 14 世纪 30 年代中期，作品由 7 件近似方形的小型木板画组成，描绘了基督的生平，分别是：《三王来朝》（*Adorazione dei Magi*），现藏于纽约大都会美术馆；《献耶稣于圣殿》，现藏于美国波士顿的伊莎贝拉·斯图尔特·加德纳美术馆；《最后的晚餐》（*Ultima Cena*）和《基督降临灵薄狱》（*Discesa nel Limbo*），

说明二者创作时间相当接近。

现藏于德国慕尼黑美术馆；《基督下葬》（*Deposizione*）现藏于佛罗伦萨，属于贝瑞颂收藏品的一部分；《圣神降临》现藏于伦敦国家画廊；此外还有慕尼黑美术馆的《苦像》。在慕尼黑的《苦像》中，圣方济各和信众们一同跪在十字架前，这表明画作原是为一座圣方济各修会的教堂绘制的。近年来，在技术分析的基础上，我们得以了解 7 件小型木板画的原貌，它们原本一页页彼此连缀，

基督下葬
（约 1325
佛罗伦萨
贝瑞颂收藏品

圣方济各
（约1325）
私人收藏

总长3米有余。画质本当极为出色，其中慕尼黑美术馆的《基督降临灵薄狱》更是精美绝伦，但由于保存失当，作品画质有所损减。

《司提反多联祭坛画》及与它相关的作品色调感，乔托接着又做出一种尝试，试图重现他旧日作品中那种异常鲜明的叙事性特点。作品似乎表现出一种庄重的古典式格局，凭想象力构造的天堂令人叹为观止，体现在《献耶稣于圣殿》《最后的晚餐》《圣神降临》的空间构造中。其他与这组精妙作品有关的一切都仅仅限于假设，我们且尚不清楚这一组小型木板画是否本应当是一件更大规模作品的一部分。根据瓦萨利的记载，这件作品原本属于圣塞波尔克罗的圣方济各教堂，乔托受委托为它绘制了一幅大型祭坛画；然而，如果参考吉贝尔蒂的记述，

施洗者约翰
（约 1325）
私人收藏

它也可能是乔托为佛罗伦萨圣十字教堂神龛绘制的四件板画作品中的一件。现藏于巴黎卢浮宫的杰作《苦像》也可以追溯到那个时期，虽然这件杰作常常被研究者忽略，然而毋庸置疑它是乔托的作品。

在乔托艺术生涯的这一时期，他还创作了两幅小型木板画，分别绘有圣方济各和施洗者约翰，作品属于收藏家暨商界巨擘卡罗·德·卡罗（Carlo de Carlo）所有。这两件作品可能原本是一幅祭台木板画的下部组成部分，因而至少还应当包含另外三个人物形象，相比来说，都属于常规大小的祭台画。研究者几乎一致认定这是乔托本人的画作，尽管画材与画具都颇为简陋，绘制的质量却绝佳，精细的用色令人惊叹，圣方济各浓密的胡须根根分明，施洗者约翰的形象则更加庄严大气，

圣方济各向阿西西主教圭多及圣奥古斯丁会的修士显现

（约 1325—1328）
局部
佛罗伦萨，圣十字教堂，巴尔迪祈祷所

即便是已经有相当毁损，但仍能辨认出他左手中持着的护符。

文献中提到过，乔托为佛罗伦萨圣十字方济各圣殿绘制的木板画共有四幅，其中只有神龛祭台组画仍然保存在佛罗伦萨圣十字教堂的巴隆切利祈祷所，而此处的壁画由塔戴奥·嘉迪绘制。

这是三件附有乔托亲笔签名的作品之一，但过去却长期不被承认是乔托的作品。接近 15 世纪末时作品得到修复，由于板子原有的尖头已经不复存在，修复人员便根据文艺复兴时期的风格，给画面加上一个富有古典风格装饰纹样的画框，显得十分醒目。1957 年，费德里克·泽利辨认出巴隆切利祈祷所祭台组画的中间部分，即带有尖头的部分，上面绘有《天父显圣》（Apparizione del Padre Eterno）人物形象，这部分作品自 1945 年开始由加利福尼亚州圣地亚哥美术馆收藏。近年来，画室工作者的贡献得到了不同程度的认可，尤其是塔戴奥·嘉迪的付出，但研究者们仍然重视作品所附的乔托的亲笔签名。巴隆切利祈祷所祭坛组画的断代也经过了一个反复的过程。文献记载，在 1328 年到

圣方济各在阿尔勒的修道院中显现（约1325—1328）
佛罗伦萨，圣十字教堂，巴尔迪祈祷所

1333年间，乔托身在那不勒斯，因而争论的焦点主要在于作品究竟创作于此前还是此后。根据最可信的一种假设，作品创作时间与巴隆切利祈祷所的建造时间极为相近，而根据祈祷所外部的铭文，祈祷所建立时间应当是1327年2月（即儒略历1328年）。从风格角度看，作品延续了《司提反多联祭坛画》中形式主题的发展，特别体现在庄重和精细以及令人赞叹的画面层次与精妙的用色上。

大体上，作品的空间构思毋庸置疑是伟大的乔托无尽开阔的心灵的象征，而与这种象征对应的，是在乔托的任何作品中都不具体表现任何实在的空间，表现在作品两侧的画板可以随意多重复制而不会对画面总体格局造成实际影响。

乔托作品的年代排序和签名情况总是处于不明确状态，但我们并没有因此错过一件他在佛罗伦萨绘

圣方济各领受五伤（约 1325—1328）
佛罗伦萨，圣十字教堂，巴尔迪祈祷所

圣哲罗米检验圣方济各五伤

（约1325—1328）佛罗伦萨，圣十字教堂，巴尔迪祈祷所

制的名作，即他为有权势且富有影响力的佛罗伦萨银行家巴尔迪的祈祷所绘制的壁画。祈祷所设在佛罗伦萨圣十字教堂，许多人都认为，作品是在1328年乔托动身前往那不勒斯以前绘制的。然而，根据近期针对作品风格进行得更深入的研究，我们可以认为，这些作品可能表现了乔托最后发展阶段的风格。那不勒斯时期时间跨度较大，是乔托艺术生涯中非常重要的一个时期，也是他在创作上颇为丰产的一个阶段，我们将会在下文里一一提及。

◀ **圣司提反像**（约 1330—1335）
局部
佛罗伦萨，霍尔纳博物馆

乔托的最后岁月

那不勒斯的乔托："国王的老友"

根据我们迄今掌握的一系列文献，从 1328 年 12 月 8 日到 1333 年间，乔托受召前往那不勒斯，为国王罗贝尔托·德·安茹（Roberto d'Angiò）服务，并被称为"他的老朋友"。这个称呼略嫌逢迎，带有招摇意味，而且可能同样用来称呼乔托之前为他服务的其他艺术家，同时又可能是为国王服务者的泛称。流传下来的文献大部分佐证此事与新堡（Castel Nuovo）王宫内部几座祈祷所的装饰画有关。在乔托领导下，当时活跃在那不勒斯的一群风格各异的艺术家聚集起来，合力完成了这些祈祷所的装饰。遗憾的是，在这座巨制的所有独一无二的画作中，如今留存下来的只有帕拉提纳祈祷所（Cappella Palatina）窗楞上的装饰画，绘制的是一组与窗格装饰纹样交织在一起的男性头像（Teste virili），而且尽管数量不多，但实际上也展示了各种不同的风格。前文提到的所谓的"乔凡尼·巴利莱祈祷所的佚名画师"也参与了绘制，此人乃是由于绘制了那不勒斯圣老楞佐同名祈祷所中的装饰画而得名的。他是 14 世纪意大利南部画坛最重要的人物之一，此外泰亚诺的主教堂当中的《苦像》也出自他笔下。该作融合了乔托式的空间构图和稳定体积，同时兼具西蒙内·马尔蒂尼叙事风格与色调的变体。不过，除了乔托麾下的那不勒斯画家，

艺术人生——乔托 139

哀悼基督（约 1330—1333）
残片
乔托及画室
那不勒斯，圣嘉乐大教堂，修女咏祷所

这里还必须提到另一个人物，他就是佛罗伦萨的马叟·迪·班科。这件集体作品中艺术水准最高的部分出自他一人之手，展现了一种介于巴隆切利祈祷所多联祭坛画和圣十字大殿巴尔迪祈祷所装饰之间的过渡风格。此外，根据历史文献记载，一个阿西西画室的人员也参与了新堡的工作，并创作了《人物群像》（*Uomini Famosi*）这件名作，画面表现了 14 世纪至 15 世纪之交的意大利各个地区常见的带有人文主义印记的前文艺复兴绘画传统。然而，在乔托的那不勒斯时期所有的不朽杰作中，最重要的一件却是圣嘉乐大教堂修女咏祷所的壁画《哀悼基督》（*Compianto sul Cristo morto*）的局部。此作品由乔托亲笔绘制，美丽绝伦，同一咏祷所中还以令人眩惑的透视技巧绘制了几个房间（《透视技法绘制的房间》）。另外，文献记载还提到了乔托在圣嘉乐大教堂中绘制的壁画《启示录的故事》（*Storie dell'Apocallisse*）。但是后面几件作品无一留存下来。在千禧年举办的乔托佛罗伦萨时期作

苦像(1335—1340)
乔托画室(弗朗西斯科·德·乔托?)
佛罗伦萨,新玛利亚大教堂

苦像(1340—1345)
圣路凯瑟的佚名画师
佩萨河谷圣卡夏诺,宗教艺术博物馆

四十二则启示录的故事（约 1330—1333）
局部及全图
推测为乔托
德国，斯图加特，国家美术馆

艺术人生——乔托

男性头像（约 1330）
乔托画室
窗棂装饰画
那不勒斯，新堡，帕拉提纳祈祷所

品展览中，德国斯图加特国家美术馆收藏的两幅大型木板画最受瞩目，这两件作品可以传递给我们一个精准的印象。当时，艺术史学家米可洛斯·博斯科维兹提出，它们应当被视为乔托在那不勒斯时期的亲笔作品，也是圣嘉乐大教堂旷日持久的装饰画工程的预演模型。但如果认可这一假设，我们面前的作品已经登峰造极，达到了一个对于乔托而言反常的艺术顶点，这说明乔托还具有杰出的缩微画才能，对于他这种水平的艺术家而言，也是完全可能的。他在那不勒斯的创作达到了艺术生涯的巅峰，而他收到的报酬也相当可观。由数额可以推测出，他进行了大量的创作，其中既有壁画装饰方面的内容，又有木板画的相关创作。根据瓦萨利的看法，正是这些收入使他得以定居在佛罗伦萨。

显而易见，乔托在那不勒斯的逗留不但对这个罗贝尔托·德·安

圣彼得，圣保罗，天使加百列以及米迦勒伴随圣母子（约 1330）
祭坛画
博洛尼亚国家画廊

茹统治下的城市产生了至关重要的影响，而且首当其冲地影响了当地艺术圈中的最主流的画家们，其中包括罗贝尔托·德·奥德利西奥，还有所谓的圣方济各蛋彩画的佚名画师，即乔凡尼·巴利莱祈祷所的佚名画师。但还有一种观点认为，乔托也在更广泛的意义上影响了意大利南方的绘画。博洛尼亚国家画廊收藏的多联祭坛画可能就是创作于乔托在那不勒斯逗留的那几年中，画作来自本地的圣母天使教堂，绘制着《圣彼得，圣保罗，天使加百列以及米迦勒伴随圣母子》（Madonna col Bambino tra i santi Pietro, Gabriele, Michele e Paolo），下部附有乔托的署名。从风格上看，博洛尼亚多联祭坛画画面中的宝座与惯常出现在圣母子图中的人物更多地表现出一种乔托作品特有的哥特式风格，似乎更接近于圣嘉乐大教堂和那不勒斯新堡的壁画残片，而非巴隆切利祈祷所多联祭坛画呈现出的那种精美笔触和色调。

艺术人生——乔托

佛罗伦萨的乔托:"艺术巨匠"

1334年4月12日,佛罗伦萨城任命乔托负责建造城市的主教座堂(Duomo[①])以及佛罗伦萨城防工程,因此可以推测,乔托在此之前已经回到故乡佛罗伦萨。同年6月18日,主教堂的钟楼开工,即之后广为闻名的乔托钟楼(Campanile di Giotto)。通常认为,建筑设计出自乔托之手,不止一位研究者辨认出收藏于锡耶纳主教座堂博物馆的羊皮卷上的设计图就是这座建筑。不仅如此,根据吉贝尔蒂的记载,乔托监造的时间仅仅到基座墙裙建好为止,他去世后,由安德里亚·皮萨诺和弗朗西斯卡·塔兰迪继续指挥建造,约在1348年到1359年间,工程总体竣工。吉贝尔蒂肯定地表示:"圣莱伯腊妲教堂的钟楼是由乔托建造的,其中最早的故事是关于他亲手设计并雕刻出来的部分。有生之年,我目睹了许多出自他手中

[①] 即前文提到的圣莱伯腊妲大教堂(Chiesa di Sancta Reparata),今佛罗伦萨圣母百花大教堂(Cattedrale di Santa Maria del Fiore)的前身。——译注

主教座堂钟楼
乔托及安德里亚·皮萨诺、弗朗西斯卡·塔兰迪
佛罗伦萨

的处理方案，无不具有非凡的故事。"确实，很大一部分批评意见都认为，钟楼台石上描绘《圣经故事》(Storie bibliche)和《人类的事业》(Le attività dell'uomo)的六边形花砖由乔托设计，由安德里亚·皮萨诺雕刻完成。

在瓦萨利撰写的乔托传记（1568）中，他理所当然地被描述为一位画家，同时还被瓦萨利誉为雕塑家和建筑家。伟大的历史学家瓦萨利还将阿雷佐主教座堂中宏伟的主教圭多·塔尔拉第的陵墓设计归于乔托名下。这件作品修建于1330年，由锡耶纳的奥古斯迪诺·迪·乔凡尼和阿涅罗·迪·文图拉建造。然而，所有被认为是乔托设计的著名建筑中，得以如钟楼般以他名字命名的，只有辎重桥（Ponte alla Carraia）和帕多瓦的斯克洛维尼家族的祈祷所。

从那不勒斯返回佛罗伦萨后，乔托的艺术生涯进入了最后一个时期。此时，从风格上看，佛罗伦萨圣十字大殿巴尔迪祈祷所的装饰与佛罗伦萨巴杰洛美术馆的执政官祈祷所的壁画之间都具有直观联系。巴尔迪祈祷所壁画的发现过程与所谓的"佩鲁兹壁画"类似。1852年，盖尔达诺·卞契修复巴尔迪祈祷所时发现了这幅壁画，作品被一层墙壁粉刷涂料完全覆盖，他开展了大量还原画面和补色的工作，修复了壁画，传为19世纪艺术修复的佳话。

壁画《圣方济各领受五伤》(Le Stimmate di San Francesco)位于祈祷所入口处拱顶上，于1937年被发现；1958年至1959年，丁托利·莱奥奈多在乌戈·普罗卡契指导下清理了作品外圈，画面非世俗场景部分的修复取得了令人满意的效果。装饰画主要分布在高处的一块半月形大拱板上及两面墙上部宽阔的矩形空间处，介绍了一些圣方济各的生平事迹。作品由乔托亲笔绘制，这一点向来没有引发过争议，但问题在于确定作品的创作时间。因为

圣方济各向阿西西主教圭多及圣奥古斯丁会的修士显现

（约1325—1328）
局部
佛罗伦萨，圣十字教堂，巴尔迪祈祷所

就这个问题我们现有的唯一参照仅仅是绘制在后墙上的图卢兹的圣路易（San Ludovico di Tolosa），他于1317年被封圣，因而可以推测壁画的绘制不应早于这一年。

研究者们指出，这幅壁画的规模较小，但仍然有一些助手参与了绘制，特别值得一提的是，其中有塔戴奥·嘉迪和马叟·迪·班科。事实上，圣十字大殿巴尔迪祈祷所壁画的风格表现出极大的一致性，在这一点上甚至超过了类似的帕多瓦的斯克洛维尼祈祷所壁画。无论如何，这些绘画的品质代表当时的一个巅峰，对此没有人表示怀疑。我们完全有理由将其视为乔托绘画中的杰作。相对于阿西西圣方济各生平壁画中那种痛苦的历史实感，佛罗伦萨壁画的场景仿佛不受时间的干扰，定格在一种由抽象的自然主义隐喻和日常的庄严简朴感形成的独特均衡之中，画面的较高部分几近于一曲理想化的前奏，由此引出皮耶罗·德拉·弗朗西斯卡式的氛围。画面叙事谋求一种纯粹的庄严肃穆感，尤其令人联想到乔托青年时期作品中的灵动表达。与圣十字大殿巴尔迪祈祷所壁画最为接近的木板画无疑是精美的《圣司提反像》，现藏于佛罗伦萨霍尔纳博物馆。目前的观点认为，这件作品并不是华盛顿国家美术馆收藏的祭台画《圣母子像》的中心部分，而是另一组祭台画的一个组成部分。

应当认识到，不论是就绘画技法而言，还是从自然表达的层面上看，佛罗伦萨霍尔纳博物馆的《圣司提反像》同样是乔托的巅峰杰作

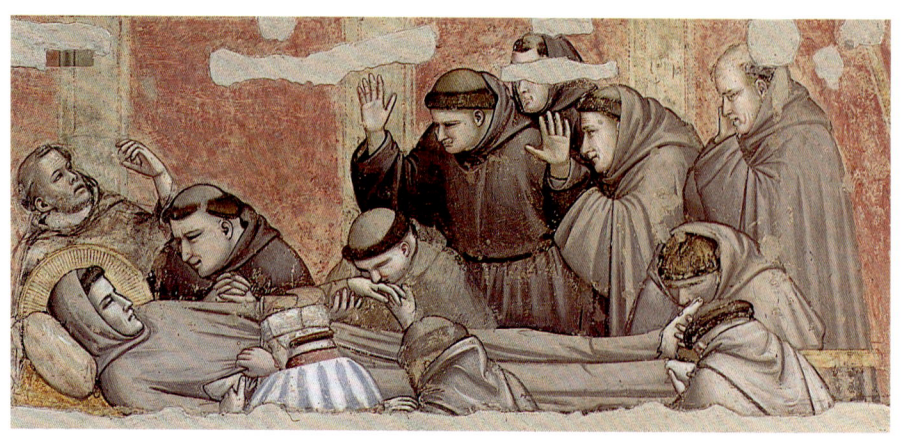

圣哲罗米检验圣方济各五伤
（约1325—1328）
局部
佛罗伦萨，圣十字教堂，巴尔迪祈祷所

圣司提反像（约 1330—1335）
佛罗伦萨，霍尔纳博物馆

之一。华美的装饰围绕着圣人优美的达尔马西亚形象。手中的经书向着观者的方向，部分被长袍的内裾覆盖。艺术史学者隆吉（Longhi）认为，左手露出的一部分显示了"统一的可塑性表达，若论这种技法，继乔托后，便是马萨乔"。值得一提的是，从到塔戴奥·嘉迪到贝尔纳多·达迪，还有马叟·迪·班科，在这几位直接追随乔托风格的佛罗伦萨画家共同展现出的乔托风格的诠释手法下，《圣司提反像》更显出一种典范的价值。佛罗伦萨的里可波利圣母教堂中的《圣母子与天使》（Madonna col Bambino e angeli）的残片色调展现出一种柔和的光泽，这正是乔托艺术生涯终极阶段的特点。直到20世纪30年代，有人合理地指明了这幅画作与那幅收藏在博洛尼亚国家画廊的多联祭坛画的紧密联系，它才开始被视为这位佛罗伦萨艺术巨匠众多重要作品之中的一件。

现藏于佛罗伦萨巴杰洛美术馆兵器室（Sala d'Armi）的《圣母升天》（Maestà）似乎也在风格上与前者有密切联系，这里也有必要特别指出绘有圣人形象的圣体龛的优雅结构与珍贵装饰，表现出一种带有微妙的自然主义原型特点的典范感。

在维拉尼的《编年史》（Cronica，约1340）中，已经谈到乔托为米兰的一位显贵人物阿佐内·维斯贡蒂（Az-

艺术人生——乔托

左图
圣母子与天使
（约1334—1335）
木板残片
乔托及画室
佛罗伦萨，里可波利圣母教堂

右图
宝座上的圣母子像／圣母升天
（约1334—1335）
壁画残片
乔托及画室
佛罗伦萨，巴杰洛美术馆兵器室

zone Visconti）绘制的一幅精美壁画《世俗之欢乐以及众生相》（*Gloria mondana e Uomini illustri*），但已经完全毁坏。吉贝尔蒂也在他的著作《述评》中提到过这件作品，但未指明作品之所在。乔托还在修建于1250年的佛罗伦萨巴杰洛美术馆（同时也是执政官祈祷所的所在地）留下了他艺术生涯最后的珍贵作品。然而令人遗憾的是，这些作品也遭到了破坏，今天呈现给我们的只有部分残片。根据吉贝尔蒂的记载，乔托还绘制了壁画《城市浩劫》（*Comune come era rubato*），意在警示非法侵吞公共财产而导致城市衰落的佛罗伦萨市民，但画面中的寓意形象同样也已完全遭到破坏。

陈列在兵器室的壁画是《宝座上的圣母子》（《圣母升天》）[*Madonna col Bambino in trono*（*Maestà*）]，画作基底部分是佛罗伦萨的城市景象，描绘了"佛罗伦萨城各区的讽喻形象"（Allegorie dei sestieri）。19世纪时，这件作品被从位于宫殿上层的祈祷所后墙中央位置的圣像龛中剥下，虽然作品已经支离破碎，但通过近年来的修复工作，保存情况尚可。1337年末，这座宫殿的大规模壁画装饰进入了尾声，此时乔托已与世长辞。然而令人遗憾的是，

但丁肖像

（约 1332—1337）
乔托及画室
壁画残片
局部
佛罗伦萨，巴杰洛美术馆，执政官祈祷所

天堂

（约 1335—1337）
乔托及画室
壁画残片
局部
佛罗伦萨，巴杰洛美术馆，执政官祈祷所

装饰只有极少的部分流传至今，留存下来的部分也已经支离破碎。在古老的权威历史文献如维拉尼、吉贝尔蒂和瓦萨利的作品当中，都谈到了乔托的一件名作《但丁肖像》（*Ritratto di Dante*）。2004 年 11 月，佛罗伦萨的艺术品修复研究所精心修复了作品，很好地复原了留存部分的原始面貌。然而，此时此刻，我们还难以认识到这组作品的重要意义，这是巨匠乔托的众多杰作之一，也是他生命中最后一件本人设计并指导的作品。在《天堂》（*Paradiso*）这幅画的画面中，某些描绘非世俗场景的部分工艺特别精湛，这昭示了苍老的乔托确实与他画室中的助手共同绘制了画面。在《拉撒路死而复生》（*Resurrezione di Lazzaro*）和《圣玛德莱娜辞世》（*Morte della Maddalena*）这两幅画所描绘的场景中，也显示出乔托亲自创作的痕迹。这些作品色调温暖，质地细腻，纤毫毕现，似乎出自乔托那不勒斯时期同一群助手笔下。

画室的家族传承和辉煌艺术成就

儒略历 1337 年 1 月 8 日，乔托溘然长逝，"他以极大的荣誉，被佛罗伦萨人民葬在了圣莱伯腊妲教堂"（语出乔凡尼·维拉尼的《编年史》，约 1340）。1490 年，文艺复兴进入全盛时期，然而乔托依旧备受尊敬，甚至连佛罗伦萨皇宫都为他塑了一尊纪念像，由贝内代托·达·马亚诺（Benedetto da Maiano）塑造出画家的形象，配上阿涅罗·波利匝诺的献辞。

近年来开展的研究涉及著名的乔托画室所创作的艺术品（其中包括前文提到过的乔托的两个儿子的作品，不过才能较之乔托的大为逊色。长子弗朗西斯科为父亲管理穆杰洛地区的田产，尽管他笃信宗教，但仍于 1336 年至 1338 年加入了佛罗伦萨手工艺人行会，学习医学和药剂学；次子名叫多纳多，根据《蒙泰科穆内市民账簿》1347 年的记载，他是一位画师）。研究者们将几件风格上明确具备同一性的画作联系起来，组成了一个小组作品，这又展现了乔托艺术语言之中趣致而亲民

乔托纪念像（1490）
贝内代托·达·马亚诺
佛罗伦萨，圣母百花大教堂

苦像（1335—1340）
乔托画室（弗朗西斯科·德·乔托？）
局部
佛罗伦萨，新玛利亚大教堂

的另一个特色。这一组作品中最有创意的莫过于《苦像》。这件作品尺寸较小，现藏于佛罗伦萨新玛利亚大教堂内，2000年由佛罗伦萨学院美术馆举办的展览中曾展出过这件作品，展览中还有两件乔托用来在作品上署名的印鉴，和佛罗伦萨圣十字教堂巴隆切利祈祷所的多联祭坛画、博洛尼亚国家画廊的祭坛画以及佛罗伦萨里可波利圣母教堂中的《圣母子与天使》（*Madonna col Bambino e angeli*）残片上的署名完全一致。

乔托的艺术成就不可估量，他的任何追随者都无法企及，艺术巨擘罗贝尔托·隆吉（Roberto Longhi）曾对他做出极高的评价："能代表14世纪乔托风格的，只有乔托本人。"从绘画技巧的重要性和开放性上说，这样的评价是毋庸置疑的。在14世纪的大半时光中，在意大利半岛的每一个角落，甚至跨越阿尔卑斯山，乔托的绘画都举足轻重，并且他一直在面向未来的发展之中探索自身。

年表

乔托生平大事记	年份	历史同期大事记
乔托之父邦多纳从穆杰洛地区迁到城内，以锁匠手艺为生，乔托在佛罗伦萨的新玛利亚大教堂附近地区出生。	1265	尼可拉·皮萨诺与其子乔凡尼·皮萨诺，以及阿尔诺尔福·迪·卡皮奥、拉博·迪·利彻文多开始在锡耶纳工作，着手为主教座堂修建布道坛。
/	1266	查理一世在罗马加冕；曼弗雷德在贝内文托战役中战败被杀。
/	1272	契马布埃已经出现在罗马的文献记载中。
/	1276	阿尔诺尔福·迪·卡皮奥在罗马建造位于拉特兰圣约翰大殿的安尼巴尔迪枢机主教陵墓，以及维泰堡的教皇亚德五世陵墓。
/	1280	契马布埃为佛罗伦萨圣三体教堂绘制了《圣母像》。
此年，乔托很可能活跃在契马布埃的画室中。他绘制了圣老楞佐堂区的《圣母子像》，这可能是他最早的一件亲笔作；推测由于契马布埃，乔托得以接触罗马的艺术圈，然后开始在阿西西圣方济各教堂中开展绘画工作。	1290	/
/	1294	教皇雷定五世引退后，本笃·盖达尼登上教皇之位，名为博尼法爵八世。
大约在此年，乔托已经在阿西西圣方济各大教堂的龙骨装饰中绘制了《以撒的故事》和《圣方济各的故事》；13世纪最后几年，乔托来到罗马，制作了圣彼得大殿著名的马赛克画《基督拯救乘船遇风暴的圣彼得》。	1295	/
乔托在利米尼绘制利米尼马拉泰斯提亚诺教堂的《苦像》。	1300	教皇博尼法爵八世宣告第一个千禧年。
稍早于此年，乔托可能受到圣方济各修会邀请，前往帕多瓦为圣安多尼大教堂绘制壁画。	1303	教皇被腓力四世的军队驱赶到阿纳尼，不久后去世。
1305年3月25日，帕多瓦阿莱那祈祷所祝圣开堂，银行家恩里科·斯克洛维尼委托乔托制作装饰。	1305	波尔图大主教贝特汉·德·戈特继位为教皇，在法国里昂加冕，称克勉五世。
这一年，乔托可能身在佛罗伦萨；1305年至1309年，乔托绘制了佛罗伦萨圣斐理教堂的《苦像》和诸圣教堂的《圣母升天》。	1308	皮埃特洛·卡瓦利尼为那不勒斯圣道明教堂的布兰卡契祈祷所绘制壁画；洛伦佐·迈塔尼开始为奥维埃多的主教座堂制作雕刻装饰。
乔托在阿西西为玛德莱娜祈祷所绘制壁画。	1309	克勉五世选定阿维农为居住地。

乔托完成《圣母长眠》后不久,约在这一年去过佛罗伦萨;1313年前,他一直专注于佛罗伦萨圣十字教堂中的佩鲁兹祈祷所的壁画,并为之绘制了祭台木板画。	1310	大约在这一年,但丁·阿里吉耶利在《神曲·炼狱》第十一章中提到乔托,称其为"最杰出的画家"。
/	1311	德国国王亨利七世在米兰加冕为意大利国王,并任命马泰奥·维斯孔蒂为代王。
乔托回到佛罗伦萨,指派一位代理人收集他在里帕与列蒂逗留期间遗留在罗马的物品。	1313	亨利七世与教皇克勉五世消弭了分歧,克勉五世旋即驾崩;佛罗伦萨被那不勒斯国王罗贝尔托·德·安茹纳入势力范围,并授命教皇成为意大利的代王。
从此年直到1320年,没有关于乔托身在佛罗伦萨的记载,此时他很可能再次回到了阿西西,完成了圣方济各教堂下部的壁画创作。	1315	西蒙内·马尔蒂尼在锡耶纳市政厅的议事厅绘制了《圣母升天》。
从此年直到1326年,多种文献记录了乔托身在佛罗伦萨。	1320	/
从此年直到1333年,一系列文献记录了乔托的行踪,他前往阿不勒斯为国王罗贝尔托·德·安茹服务,完成了新堡皇宫和圣嘉乐大教堂的壁画装饰。	1328	佛罗伦萨重新获得独立地位,被国王罗贝尔托·德·安茹控制的时期就此结束,重新组成人民议会和城市参议院,受人民领袖和执政官号令。
乔托重返佛罗伦萨,被任命督造城市主教座堂,同年,乔托开始建造钟楼。	1334	皮埃特洛·洛伦泽第在锡耶纳为圣方济各教堂绘制壁画。
乔托已经完成了佛罗伦萨巴杰洛美术馆执政官祈祷所的壁画。同年1月8日,他与世长辞,被以极高礼仪埋葬在圣莱伯腊妲教堂。	1337	安布罗乔·洛伦泽第开始为锡耶纳市政厅绘制《善政》。

艺术人生——乔托

索引

乔托作品索引（按地名收录）

意大利
阿西西
奥尔西尼祈祷所：
 《圣人主教》 48
圣方济各大教堂下部：
 《讽喻形象》系列
  "服从" 110
  "圣方济各修会信条" 106
  "贞洁" 110，112
 《苦像》局部 104，105，106，全图 107，108
 《拉撒路半身像》 91
 《玛德莱娜的故事》 88
 《玛德莱娜与枢机主教皮埃特洛·迪·巴洛》 91
 《圣方济各的故事：苏艾萨的遇难少年死而复生》 109
 《圣方济各沐浴神恩》 112，113
 《圣方济各行神迹》 106，109
 《圣玛思蒙传信玛德莱娜以及玛德莱娜升天》 90
 《圣尼各老，诸圣以及众门徒的故事》 46（帆式拱顶），47
 《圣尼各老与圣方济各伴随圣母子》 47
 《圣婴基督的故事》 106，108，109，112，116
 《天使引领玛德莱娜进入天堂》 89，90
 《献耶稣于圣殿》 108
 《耶稣十二龄讲道》 108，109
 《耶稣与玛利亚/玛德莱娜》 88，91
圣方济各大教堂上部：
 《哀悼基督》 11
 《贝内文托女子的终终告解》 28，29
 《格莱乔地方的耶稣诞生景象》 36
 《教皇额我略九世梦中触摸圣方济各肋下的伤口》 38
 《教皇洪诺留三世聆听圣方济各讲道》 15
 《教皇依诺增爵三世认许修道三愿》 33
 《教皇依诺增爵三世造梦》 38
 《泉水的神迹》 34
 《群鸟聆听圣方济各布道》 6
 《切拉诺的骑士魂归天主》 42
 《上帝在圣达弥昂教堂向圣方济各显现》 30
 《圣保罗》 24
 《圣彼得》 24
 《圣方济各传奇/圣方济各的故事》20，22，24，56，91，148
 《圣方济各乘燃烧的马车显现》 32
 《圣方济各的神视：圣方济各的追随者看见天国的宝座》局部 32
 《圣方济各的神视：梦见充满兵器的大屋》局部 32
 《圣方济各的狂喜》 36
 《圣方济各发神贫愿》 31
 《圣方济各在阿尔勒的修道院中显现》 39
 《圣方济各在阿雷佐驱魔》 14
 《圣方济各赠给穷人斗篷》 29
 《圣嘉乐会姊妹们哀悼圣方济各》 40
 《圣母升天/圣母子像》 13
 《圣人魂归天主/圣方济各魂归天主》 41
 《圣哲罗米检验圣方济各五伤》 22，24
 《释放狱中的异教徒》 42
 《俗人向圣方济各献礼》 26，27，42
 《以撒的故事》 18，20，22，28
 《以撒为雅各祝福》 18
 《以撒拒绝以扫》 18，19
 《治愈列伊达的伤者》 42
 《诸博士》拱顶装饰 18，20，21

佛罗伦萨
里可波利圣母教堂：
 《圣母子与天使》 149，150，153
圣斐理教堂：
 《苦像》（约1310）（《使徒圣约翰受难》，82） 82，83，98
圣十字教堂：
佩鲁兹祈祷所
 巴隆切利祈祷所多联祭坛画（组画） 36，120，121，134，135，140，145，153
 《圣方济各领受五伤》 136，147
 《圣方济各向阿西西主教圭多及圣奥古斯丁会的修士显现》 134，147
 《圣方济各在阿尔勒的修院中显现》 135
 《施洗者约翰的故事》 94
 《圣哲罗米检验圣方济各五伤》 137，148，158，159
 《图卢兹的圣路易》（后墙） 147
 《天使向宗徒圣诺望报喜》 95
 《希律王的宴会》 96
 《以弗所女子在使徒圣约翰面前死而复生》 94，95
 《使徒圣约翰》 94
 《使徒圣约翰升入天堂》 94，95

诸圣教堂：
　《苦像》（《受难》，116） 116，117
　《圣母极登》（约1310） 84，细部 86

罗马
密涅瓦神庙遗址圣母教堂：
　《苦像》 46

米兰
　《世俗之欢乐以及众生相》（已完全损毁，地点未明） 150

那不勒斯
圣嘉乐大教堂：
修女咏祷所
　《哀悼基督》 140
　《透视技法绘制的房间》 140
　《启示录的故事》 140
新堡王宫：
帕拉提纳祈祷所
　《男性头像》 139
　《人物群像》 140
新玛利亚大教堂：
　《苦像》（1312） 18，22，47，85

帕多瓦
理性宫
　《占星术论辩》 53
圣安多尼大教堂：
　《苦像》 51
　《圣嘉乐》 51
　《诸圣徒与先知》 51，56
斯克洛维尼祈祷所：
　《哀悼基督》 79，80—81
　《报喜天使与圣母》（《大天使加百列受命》） 54，63
　《伯利恒的众婴孩被屠杀》 66
　《讽喻形象》系列 56
　　"恶德" 54，63
　　"愤怒" 62，63
　　"不忠" 62，63
　　"不公" 63
　　"美德" 54，63

"正义" 63
《公审判》 54，58，72，74，75
《三王来朝》 65
《圣处女与基督的故事》 54
《圣神降临》 79
《圣玛利亚选婿》 53
《圣母辞世》 56
《圣母升天》 56
《圣母子像》 54
《圣徒半身像》 54
《基督》 54
《基督为门徒濯足》 50，51
《基督与该亚法》 78，79
《旧约故事》 54
《苦像》 74，77
《加纳婚宴》 73
《拉撒路死而复生》 72
《玛利亚成婚》 61
《玛利亚的父母若亚敬与亚纳在耶路撒冷的金门相见》 55
《玛利亚降生》 59
《玛利亚之父若亚敬被逐出耶路撒冷》 54
《玛利亚之父若亚敬进入耶路撒冷》 2，4
《逃往埃及》 67
《天使报喜》 54，64，67
《天使向圣亚纳报喜》 57，局部 58
《献童女玛利亚于神庙》 60，70—71
《透视法秘所》 62，63
《献耶稣于神庙》 68
《耶稣将诸商人逐出神殿》 63，70—71
《若亚敬造梦》 56
《诸圣徒与先知》 54
《最后的晚餐》 79

普拉托
圣道明教堂：
　《苦像》（佚失） 24

乔托画室
　《宝座上的圣母子》 150
　《但丁肖像》 151
　《基督升天》 20

《苦像》（帕多瓦） 51，52
《苦像》（佛罗伦萨） 141，153
《苦像》（特卢瓦） 127
《两位圣人头像》 123
《牧人》 100
《男性头像》 144
《圣母子与天使》 150
《圣徒半身像》 52
《透视技法绘制的房间》 140
《天堂》 151
《最后的晚餐》 79

多联祭坛画
　《基督赐福》 96，97
　《施洗者约翰与圣方济各》 97
　《使徒圣约翰与圣母》 97
纽约
大都会美术馆：
　《三王来朝》 128，130
圣地亚哥
圣地亚哥美术馆：
　《天父显圣》（1945） 134

乔托画派：
《施洗者约翰与跪拜的施主》（拉斯佩齐亚） 100，103

藏品：

德国
德累斯顿
德累斯顿美术馆：
　《基督的门徒探望狱中的施洗者约翰》 97
柏林
德国柏林画廊：
　《苦像》 126，128
　《圣母长眠》 92
慕尼黑
慕尼黑美术馆：
　《苦像》 129
　《最后的晚餐》 129，130
　《基督降临灵薄狱》 129，130

美国
波士顿
伊莎贝拉·斯图尔特·加德纳美术馆：
　《献耶稣于圣殿》 128，129，130
华盛顿
华盛顿国家美术馆：
　《圣母子像》（巴隆切利祈祷所多联祭坛画） 126，148
罗利
罗利美术馆：

英国
伦敦
伦敦国家画廊：
　《圣神降临》 130，132
牛津
阿什莫林博物馆：
　《圣母子像》 47

法国
巴黎
卢浮宫：
　《圣方济各领受五伤及三个故事》 119
沙阿利
雅克马尔·安德烈博物馆：
　《使徒圣约翰与一位天使》 124，127
　《圣老楞佐与一位天使》 124，127
斯特拉斯堡
斯特拉斯堡美术馆：
　《苦像》（《基督受难》）（对开画门叶） 115，128

意大利
帕多瓦
帕多瓦市立博物馆：
　《宝座上的基督》（木板画） 64，72
　《苦像》（约1303—1305） 74，76
佛罗伦萨
佛罗伦萨学院美术馆：
　《牧人》 100，101

《圣恩仁，圣明雅，圣哲诺必，圣恪睐善伴随圣母子》 97，98

《圣莱伯腊妲祭坛画》（组画） 79，97，98，99，100

《圣莱伯腊妲，施洗者约翰，玛利亚玛德莱娜，圣尼各老报喜，诸圣人伴随圣婴耶稣》 98，99

霍尔纳博物馆：

《圣司提反像》（巴隆切利祈祷所多联祭坛画） 127，138，139，148，149

卡斯泰尔菲奥伦蒂诺的圣范娣亚娜博物馆：

《圣母升天》（《圣母子像》） 85

巴杰洛美术馆，执政官祈祷所：

《城市浩劫》（作品已毁坏） 150

《但丁肖像》 151

《佛罗伦萨城各区的讽喻形象》 150

《拉撒路死而复生》 151

《圣玛स莱娜辞世》 151

《圣母升天》（《宝座上的圣母子》）（兵器室） 149，150

《天堂》 151

圣十字教堂博物馆：

《亚伦》（？） 100，102

《诸殉圣执事》 100，102

乌菲兹美术馆：

《巴迪亚祭坛画》（组画） 47，48，49

《圣本笃/圣贝尔纳铎》 85

《圣保罗》 85

《圣彼得》 85

《圣母子》 87

《圣母升天》（《诸圣教堂的圣母像》） 82，84—87，84，86，87，92

《众天使》 86

博洛尼亚

博洛尼亚国家画廊：

博洛尼亚多联祭坛画（组画） 119

《圣彼得，圣保罗，天使加百列以及米迦勒伴随圣母子》 36，121，145，149，153

梵蒂冈

梵蒂冈美术馆：

《大雅各》 120

《基督拯救乘船遇风暴的圣彼得》 44

《教皇向一位圣人主教献上一本经书》 120

《两位天使伴随宝座上的圣彼得》 120，122

《摩西》 121

《司提反多联祭坛画》（组画） 98，112，118，119，120，122，123，128，132，135

《圣保罗》 120

《圣保罗殉难》 121

《圣彼得，大雅各以及两名天使伴随圣母子》 121，122

《圣彼得殉难》 121

《圣司提反，圣路加，小雅各》 120

《十七名天使及司提反奈斯契枢机主教伴随宝座上的赐福基督》 119，120

《司提反奈斯契枢机主教伴随圣乔治》 120

《五位门徒》 121

《先知》 120

《以撒献祭》 119，121

《至上》 121

圣司提反堂区博物馆：

《圣母升天/佛罗伦萨圣乔治教堂圣母像》 22，24，25

斯图加特

斯图加特国家美术馆：

《四十二则启示录的故事》 142，143

利米尼

马拉泰斯提亚诺教堂：

《基督的羔羊》 79

《基督救主赐福》 48

《苦像》 48，49，79

《宗徒徽记》 79

阿西西

贝瑞颂收藏品：

《基督下葬》 129，130，131

《里斯本的圣安多尼》局部 37，38

菲乌米·塞尔马泰伊-德拉·臻嘉收藏品：

《两圣人头像》(来自《基督的故事》，原作已佚失) 123

私人藏品：

《宝座上的圣母子，诸圣人及"美德"的讽喻形象》（纽约） 113，114，128

《圣安德肋与圣良纳德》（纽约） 123

《圣方济各》（佛罗伦萨） 132，133

《圣方济各》（纽约） 123

《施洗者约翰》（佛罗伦萨） 132，133

建筑

佛罗伦萨：

《人类的事业》（花砖） 147

《圣经的故事》（花砖） 147

主教堂钟楼/乔托钟楼（建筑） 146

辎重桥（建筑） 147

其他人名索引

A

阿尔诺尔福·迪·卡皮奥 10，12，85

阿涅罗·波利匝诺 152

阿涅罗·迪·文图拉 147

阿佐内·维斯贡蒂 150

安德里亚·皮萨诺 147

安东尼奥·维尼泽恰诺 100

奥古斯迪诺·迪·乔凡尼 147

B

邦多纳（乔托之父） 7

贝尔纳多·达迪 48，149

贝内代托·达·马亚诺 152

D

但丁（但丁·阿利吉耶利） 8，34，151

丁托利·莱奥奈多 147

杜乔·迪·博宁塞纳 10，12

多纳多（乔托之次子） 64，152

E

恩里科·斯克洛维尼 53，73

F

菲力颇·托迪尼 46

费德里克·泽利 48，134

弗朗西斯科·德·乔托（乔托之长子） 64，141，152，153

弗朗西斯卡·塔兰迪 146

G

盖尔达诺·卡契 147

格里弗·迪·檀可莱迪 10

圭多·塔尔拉第 147

J

嘉多·嘉迪 10

教皇博尼法爵八世（本笃·盖达尼） 42，44，45

教皇额我略九世（乌戈利诺·德·孔蒂·迪·塞尼） 38

教皇雷定五世 119

教皇尼各老三世 16

教皇尼各老六世（乔凡尼·盖尔达诺·奥尔西尼） 16，34

教皇依诺增爵三世（罗达利奥·德·孔蒂·迪·塞尼） 38

K

卡罗·德·卡罗 133

卡颇·迪·马克瓦尔多 7

卡瓦利尼画室 44，45

L

拉斐尔·圣齐奥 7

利颇·迪·贝尼维埃尼 48

利库乔·迪·普乔 22

李可巴尔多·达·费拉拉 22

列奥巴尔多·德尔·米约莱 44

列奥纳多·达·芬奇 7

卢洽诺·贝洛西 38，46

路德维科·达·皮埃特拉隆戈修士 106

罗贝尔托·德·安茹 139

罗贝尔托·德·奥德利西奥 145

罗贝尔托·隆吉 149，153

洛伦佐·吉贝尔蒂 7，24，46，47，82，93，116，123，126，133，146，150—151

M

马萨乔 94，149

马叟·迪·班科 122，140，148，149

梅尔滕·范·海姆斯凯克 52

梅廖莱 7

米拉德·迈斯 18

米开朗琪罗·博纳罗蒂 7，94

米凯勒·博纳罗蒂·萨丰纳洛拉 51

米可洛斯·博斯科维兹 99，144

N

拿坡列欧尼·奥尔西尼 46

尼可拉·皮萨诺 10

P

帕尔梅利诺·迪·圭多（表现主义手法的圣嘉乐佚名画师） 47，88

皮埃特洛·达·利米尼 49

皮埃特洛·卡瓦利尼 10，28，44，45，120

皮耶罗·德拉·弗朗西斯卡 148

Q

契马布埃（本奇维耶尼·迪·佩珀） 7，8，12，16，20

乔提诺 91，116

乔凡尼·达·米兰诺 116

乔凡尼·达·利米尼 49

乔凡尼·皮萨诺 10

乔凡尼·杜普雷 8

乔凡尼·普莱维达里 98

乔凡尼·维拉尼 8，149，151，152

乔托的亲随 98

乔吉奥·瓦萨利 85，94，123，132，106

S

萨利尼收藏（锡耶纳） 16

斯代凡诺 116

T

塔戴奥·嘉迪 48，85，122，134，135，148，149

提奥巴尔铎·潘塔诺 88

图卢兹的圣路易 148

W

乌戈·普罗卡契 147

X

希波的圣奥斯定 119

西蒙内·马尔蒂尼 10，119，123，139

Y

雅各布·司提反奈斯契 118，119

雅可布·德尔·卡森提诺 47，97

雅可布·格利马尔迪 119

雅可布·托利迪 16，20

Z

詹提利·达·法布里亚诺 127

朱力亚诺·达·利米尼 49

佚名画师

阿尔提埃利圣母像的佚名画师 46

帆式拱顶的佚名画师 112，113，122，139，144

罗马佚名画家（8世纪罗马画家） 17，45

美第奇祈祷所的佚名画师 47

乔凡尼·巴利莱祈祷所的佚名画师 18，20，122，139

圣方济各蛋彩画的佚名画师 112

圣嘉乐佚名画师（表现主义手法）（帕尔梅利诺·迪·圭多） 47，88

圣路凯瑟的佚名画师 46

圣玛德莱娜的佚名画师 7

圣女雅嘉的佚名画师 7

《圣乔治弥撒书》的佚名画师 119

圣塞西莉亚佚名画师 26

《圣神降临》的佚名画师 20

瓦尔隆葛佚名画师 10，18

《耶稣基督被捕》的佚名画师 20

依撒格的佚名画师 141

《众天使接引圣奥古斯丁》的佚名画师 48

参考书目

FONTI

Riccobaldo ferrarese, *Compilatio Cronologica usque ad Annum MCCCXII produca*, in *Rerum Italicarum Scriptores*, a cura di L. A. Muratori, vol. IX, 1726, pp. 195-261; C. Cennini, *Il libro dell'arte o trattato della pittura* (circa 1400), ed. a cura di F. Tempesti, Milano 1984; L. Ghiberti, *I commentarii* (circa 1450), ed. a cura di L. Bartoli, Firenze 1998; A. Billi, *Il libro di Antonio Billi e le sue copie nella Biblioteca Nazionale di Firenze* (circa 1530), a cura di C. von Fabriczy, in "Archivio Storico Italiano", ser. V, VII, 1891, pp. 299-368; Anonimo Magliabechiano, *Il Codice Magliabechiano cl. XVII. 17, contenente Notizie sopra l'Arte degli Antichi e quelle de' Fiorentini da Cimabue a Michelangelo Buonarroti scritte da Anonimo Fiorentino* (circa 1537-1542), ed. a cura di C. Frey, Berlino 1892; G. B. Gelli, *Vite d'artisti* (circa1550-1563), a cura di G. Mancini, in "Archivio Storico Italiano", ser. V, XVII, 1896, pp. 32-62; G. Vasari-G. Milanesi, *Le Vite de' più eccellenti pittori, scultori e architettori*, Firenze 1568, ed. a cura di G. Milanesi, voll. I-III, Firenze 1878; Ludovico da Pietralunga, *Descrizione della Basilica di San Francesco e di altri santuari di Assisi*, circa 1575, ed. a cura di P. Scalpellini, Treviso 1982; F. Baldinucci, *Notizie dei professori del disegno da Cimabue in qua*, 1681-1728, ed. a cura di F. Ranalli, 5 voll., Firenze 1845-1847.

LETTERATURA CRITICA

Per la vastissima letteratura critica sull'artista si rimanda ai saggi bibliografici di R. Salvini, *Giotto. Bibliografia*, Roma 1938 e C. De Benedictis, *Giotto. Bibliografia II (1937-1970)*, Roma 1973. Si vedano inoltre: G. Previtali, *Giotto e la sua bottega*, Milano 1967; A. Conti, *Frammenti pittorici a Santa Croce*, in "Paragone", XVIII, n. 225, 1968, pp. 10-20; F. Bologna, *Novità su Giotto. Giotto al tempo della Cappella Peruzzi*, Torino 1969; AA. VV., *Giotto e i giotteschi in Assisi*, Roma 1969; C. L. Ragghianti, *Percorso di Giotto*, in "Critica d' Arte", XVI, nn. 101-102, 1969, pp. 3-80; P. Venturoli, *Giotto*, in "Storia dell' Arte", nn. 1-2, 1969, pp. 142-158; M. Boskovits, *Nuovi studi su Giotto ad Assisi*, in "Paragone", XXII, n. 261, 1971, pp. 34-56; AA. VV., *Giotto e il suo tempo. Atti del Congresso Internazionale per la celebrazione del VII centenario della nascita di Giotto (Assisi-Padova-Firenze 1967)*, Roma 1971; V. Martinelli, *Un documento per Giotto ad Assisi*, in "Storia dell'Arte", n. 19, 1973, pp. 193-208; G. Previtali, *Giotto e la sua bottega*, 2ª ed., Milano 1974; L. Bellosi, *Giotto*, Firenze 1981; C. Brandi, *Giotto*, Milano 1983; M. Boskovits, *Una vetrata e un frammento d'affresco di Giotto nel Museo di Santa Croce*, in *Scritti di storia dell'arte in onore di Federico Zeri*, Milano 1984, pp. 39-45; L. Bellosi, *La pecora di Giotto*, Torino 1985; G. Bonsanti, *Giotto*, Padova 1985; P. Leone de Castris, *Arte di corte nella Napoli angioina*, Firenze 1986; S. Bandera, *Giotto. Catalogo completo dei dipinti*, Firenze 1989; L. Bellosi, *Giotto ad Assisi*, Assisi 1989; D. Gordon, *A dossal by Giotto and his workshop: some problems of attribution, provenance and patronage*, in "The Burlington Magazine", CXXXI, 1989, pp. 524-531; G. Bonsanti, *La bottega di Giotto e la "Croce" di San Felice*, in *La "Croce" giottesca di San Felice in Piazza. Storia e restauro*, a cura di M. Scudieri, Venezia 1992, pp. 53-90; F. Todini, *Un'opera romana di Giotto*, in "Studi di Storia dell'Arte", n. 3, 1992, pp. 9-22; G. Previtali, *Giotto e la sua bottega*, 3ª ed., a cura di A. Conti e G. Ragionieri, Milano 1993, pp. 11-18; G. Bonsanti-M. Boskovits, *Giotto o solo un parente? Una discussione*, in "Arte Cristiana", LXXXI, 1994, pp. 229-310; M. Ciatti-C. Frosinini (a cura di), *La Madonna di San Giorgio alla Costa di Giotto. Studi e restauro*, Firenze 1995; F. Flores d'Arcais, *Giotto*, Milano 1995; L. Cavazzini, *Giotto*, Firenze 1996; C. E. Gilbert, *Giotto di Bondone*, in *The Dictionary of Art*, vol. XII, London 1996, pp. 681-696; A. Tomei, *Giotto. La pittura*, Firenze 1996; B. Zanardi, *Il cantiere di Giotto. Le storie di San Francesco ad Assisi*, Milano 1996; L. Bellosi, *Due tavolette di Giotto*, in *Settanta studiosi italiani. Scritti per l'Istituto Germanico di Storia dell'Arte di Firenze*, Firenze 1997, pp. 35-42; A. M. Romanini, *Assisi. Gli affreschi della Basilica di San Francesco*, Milano 1997; A. Ladis (a cura di), *Giotto and the World of Early Italian Art*, 4 voll., New York and London 1998; M. Schwarz-P. Theis, *Giotto's Father: Old Stories and the Documents*, in "The Burlington Magazine", CXLI, 1999, pp. 676-677; M. Boskovits, *Giotto a Roma*, in "Arte Cristiana", LXXXVIII, n. 798, 2000, pp. 171-180; M. Boskovits, *Giotto di Bondone*, in *Dizionario biografico degli italiani*, vol. 55, Roma 2000, pp. 401-423; M. Boskovits, *Il Maestro della Croce del Refettorio di Santa Maria Novella: un parente più probabile di Giotto?*, in "Mitteilungen des Kunsthistorischen Institutes in Florenz", XLIV, 1, 2000, pp. 64-78; A. Tartuferi (a cura di), *Bilancio critico di sessant'anni di studi e ricerche*, catalogo della mostra, Firenze 2000; A. Tartuferi, *Giotto. Guida alla mostra*, Firenze 2000; V. Sgarbi (a cura di), *Giotto e il suo tempo*, catalogo della mostra di Padova, Milano 2000; M. Ciatti-M. Seidel (a cura di), *Giotto. La Croce di Santa Maria Novella*, Firenze 2001; A. Volpe, *Giotto e i Riminesi*, Milano 2002; B. Zanardi, *Giotto e Pietro Cavallini. La questione di Assisi e il cantiere medievale della pittura a fresco*, Milano 2002; A. Derbes-M. Santona (a cura di), *The Cambridge Companion to Giotto*, Cambridge 2004; A. Monciatti, *Giotto: la realtà della pittura*, in *Artifex bonus. Il mondo dell'artista medievale*, a cura di E. Castelnuovo, Bari 2004, pp. 147-156; A. Tartuferi, *Note di pittura romana su tavola fra Due e Trecento*, in T. Strinati-A. Tartuferi, *Dipinti romani tra Giotto e Cavallini*, catalogo della mostra presso i Musei Capitolini di Roma, Milano 2004, pp. 33-47; A. Tartuferi, *Giotto*, Livorno 2005; M. Medica (a cura di), *Giotto e le arti a Bologna al tempo di Bertrando del Poggetto*, catalogo della mostra a cura di M. Medica, Cinisello Balsamo 2005; P. Leone de Castris, *Giotto a Napoli*, Napoli 2007.

REFERENZE FOTOGRAFICHE

Archivio Giunti/© Foto Rabatti & Domingie, Firenze: pp. 28b, 48, 84, 86, 87, 95, 96, 116, 117, 134, 135, 137, 147, 148, 151a, 159
p.8 © Corbis Historical/Getty Images
© Erich Lessing/Contrasto: pp. 14, 30, 31
Su gentile concessione dell'Assessorato ai Musei Politiche Culturali e Spettacolo del Comune di Padova: pp. 2, 50, 53-75, 77-81
Ove non altrimenti indicato, le foto appartengono all'Archivio Giunti, Firenze.
L'editore si dichiara disponibile a regolare eventuali spettanze per quelle immagini di cui non sia stato possibile reperire la fonte.
Le opere conservate in Gallerie e Musei dello Stato sono riprodotte su concessione del Ministero per i Beni e le Attività Culturali.

图书在版编目（CIP）数据

乔托 /（意）安杰洛·塔尔图法里著；王静译. —西安：太白文艺出版社，2019.3
（艺术人生）
ISBN 978-7-5513-1606-4

Ⅰ.①乔… Ⅱ.①安… ②王… Ⅲ.①乔托（Giotto di Bondone）—传记 Ⅳ.① K835.465.72

中国版本图书馆 CIP 数据核字（2019）第 003010 号

For the original edition
Original title: "Giotto" by Angelo Tartuferi
Copyright: © 2007 by Giunti Editore S.p.A., Firenze-Milano
www.giunti.it
The simplified Chinese edition is published in arrangement through Niu Niu Culture.

Chinese language copyright © 2019 by Phoenix-Power Cultural Development Co., Ltd.
All rights reserved.

著作权合同登记号　图字：25-2018-005 号

艺术人生
乔　托
QIAOTUO

作　　者	[意]安杰洛·塔尔图法里
译　　者	王　静
责任编辑	王婧姝
特约编辑	苑浩泰
整体设计	Metis 灵动视线
出版发行	陕西新华出版传媒集团
	太白文艺出版社（西安市曲江新区登高路 1388 号　710061）
	太白文艺出版社发行：029-87277748
经　　销	新华书店
印　　刷	北京旭丰源印刷技术有限公司
开　　本	787mm×1092mm　1/16
字　　数	45 千字
印　　张	10.25
版　　次	2019 年 3 月第 1 版　2019 年 3 月第 1 次印刷
书　　号	ISBN 978-7-5513-1606-4
定　　价	79.80 元

版权所有　翻印必究
如有印装质量问题，可寄出版社印制部调换
联系电话：029-81206800